MEMORABILIER

Emanuel Swedenborg

MEMORABILIER

Minnesanteckningar från himlar och helveten

Urval, översättning från latinet samt efterord av Carl-Göran Ekerwald
Illustrationer av Fibben Hald

RABÉN & SJÖGREN

Satt hos ordgruppen, Stockholm
Tryckt hos Kristianstads Boktryckeri AB, Kristianstad
ISBN 91 29 58617 8

''Människans egentliga liv är hennes kärlek. Sådan kärleken är, sådant är livet, ja, sådan är hela människan. . . Ipsa vita hominis est ejus amor. Et qualis est amor, talis est vita, immo talis est totus homo. . .'' (Swedenborg, ''Vera Christiana Religio'' § 399)

INNEHÅLL

Siffror inom parentes anger paragrafer i ''Vera Christiana Religio'', Swedenborgs sista verk, utgivet i London i juli månad 1771.

INTRODUKTION

Herren har gett mig tillåtelse att samtidigt som jag är på jorden också vistas i den andliga världen och där tala med både änglar och människor för att därigenom få veta hur de döda har det, när de passerat över till denna ännu okända värld.

Jag har talat med alla mina avlidna släktingar och vänner, likaså med avlidna kungar, hertigar och lärda personer — och detta nu oavbrutet under tjugosju år. Därför är jag i stånd att av egen erfarenhet beskriva hur människor har det efter döden, oavsett om de har levat goda liv eller dåliga.

Jag kan förstå om många som läser dessa mina minnesanteckningar kommer att anse dem för att vara fantasier. Men jag försäkrar sannerligen att de inte är några påhitt utan endast vad jag verkligen sett och hört — och det inte i sömn utan i fullt vaket tillstånd.

SOLEN OFÖRÄNDERLIGT I ÖSTER

I den andliga världen finns inga materiella avstånd och inte heller motsvarande tidsintervaller. Ändå finns det tid och avstånd och de skiftar alltefter sinnestillståndet hos andar och änglar. Tid och avstånd i den andliga världen motsvarar viljans olika böjelser hos dem och motsvarar därmed också deras tankar. Men dessa förhållanden är verkliga, ty de överensstämmer hela tiden med deras tillstånd.

Vanligtvis har man den uppfattningen om själen efter döden och följaktligen även om andar och änglar, att de inte har någon utsträckning i rummet och därför saknar relation till tid och avstånd, att de avlidnas andar inte har någon fast uppehållsort, att änglar och andar är som andedräkt, eter, luft, ånga eller vind.

Icke desto mindre är de substansiella varelser, de lever tillsammans precis som människorna i den naturliga världen, i tiden och rummet — vilket som tidigare nämnts bestäms av deras mentala tillstånd.

Om det inte var så, dvs om det inte existerade tid och rum i den värld dit de avlidnas andar beger sig efter döden och där andar och änglar bor, då skulle hela detta universum kunna dras igenom ett nålsöga eller ställas på spetsen av ett enda hårstrå. Det skulle vara fullt möjligt, om denna värld saknade substansiell utsträckthet i rummet.

I själva verket bor änglarna definitivt åtskilda från varandra, ja t o m mer åtskilda från varandra än vad som är fallet med människorna på jorden där rumsligheten är materiell.

Tiden där är emellertid inte indelad i dagar, veckor, månader och år eftersom solen där inte går upp eller ner utan befinner sig oföränderligt i öster, halvvägs mellan horisonten och zenit.

BECKSVARTA STENAR

En ängel stod plötsligt vid min sida och frågade:

— Vad är ämnet för din meditation?

Jag svarade:

— Att det finns så många människor som tror att naturen existerar av sig själv och att naturen är universums skapare.

Ängeln sade:

— Hela helvetet är fyllt med sådana personer. De kallas sataner och djävlar. Sataner om de befäst sin tro på naturen och därmed förnekat Gud, djävlar om de levat lastbart och från sina hjärtan kastat bort all kännedom om Gud. Men jag skall föra dig till gymnasierna i det sydvästra kvarteret. Där bor sådana personer innan de kommer till helvetet.

Han tog mig vid handen och ledde mig bort. Jag såg små hus som var klassrum, och mitt bland dem ett som var rektorsbostad. Det var uppfört av becksvarta stenar, överklädda med glasskivor som blänkte som av guld och silver. De påminde om selen eller spegelsten. Här och var fanns glittrande snäckor infogade.

Vi gick fram och knackade på. Strax öppnade någon dörren och sade:

— Välkomna!

Han skyndade till ett bord och lade fram fyra böcker och sade:

— Dessa böcker innehåller den visdom som många länder nuförtiden applåderar. Den här boken hyllas i Frankrike, den här i Tyskland, den här i Holland och den här i England.

Han fortsatte:

— Om ni vill skall jag få de här böckerna att lysa inför era ögon.

Han lät sin berömmelse strömma ut över dem och strax blev de lysande — men detta ljus försvann hastigt.

Vi frågade nu vad han höll på att skriva. Han svarade att han gjorde utdrag ur sin bokskatt och ordnade ett kompendium som skulle komma att beröra de mest betydelsefulla kunskapsfrågor — t ex om naturen är av livet eller om livet är av naturen.

När han sagt detta slog han sig ner på en stol vid bordet. Vi gick omkring i hans studerkammare som var mycket rymlig. Han hade ett vaxljus på bordet, för solljuset nådde inte in där, bara det nattliga ljuset från månen.

Vad som förvånade mig var att man såg ljusskenet föras runt i rummet och upplysa det — men endast svagt för veken hade inte blivit ansad.

Då han skrev såg vi figurer i olika former flyga upp från bordet mot väggarna. I det nattliga månskenet såg de ut som vackra indiska fåglar. Men då vi öppnade dörren och släppte in solljuset såg de ut som fladdermöss med membranlika vingar. Det var de lögner som han skarpsinnig ordnat så att de gav sken av att vara sanningar.

När vi sett detta, gick vi fram till bordet och frågade vad han just nu höll på att skriva.

— Jag skriver, sade han, över frågan om naturen är från livet eller om livet är från naturen.

Han påstod sig kunna bevisa riktigheten av bägge satserna. Men inom sig kände han något som väckte hans fruktan och som gjorde att han endast vågade bekräfta att naturen kom av livet, men inte det motsatta.

Vi undrade då i all vänlighet vad det kunde vara inom honom som han var rädd för.

Han svarade att han var rädd för att prästerna skulle kalla honom naturalist och gudsförnekare och att lekmän skulle anse honom sakna sunt förnuft. Bägge dessa parter var offer för blind tro eller såg saken med deras ögon som håller sig till den blinda tron.

Vi blev då indignerade och greps av nit för sanningen och sade till honom:

— Käre vän, du misstar dig fullständigt. Din visdom som bara är en viss språklig talang har fört dig vilse. Och din berömmelse har lockat dig att bekräfta sanningen av sådant som du alls inte tror på. Vet du då inte att den mänskliga tanken kan höja sig över det sinnliga som härrör från kroppen och att man då ser det som hör till livet ovanför sig, och det som hör naturen till under sig. Vad är livet annat än Kärlek och Vishet? Och vad är naturen annat än en mottagare av kärlek och visdom — de två använder naturen som ett instrument för att utöva sin verkan eller sin ''nytta''. Kan väl liv och natur vara på något annat sätt i förhållande till varandra än som subjekt och objekt. Kan väl ljuset vara ett med ögat eller ljudet ett med örat? Varifrån är väl dessa sinnen om de inte är från livet — och deras former från naturen? Vad är människokroppen annat än ett organ eller ett redskap för livet? Är icke allt i människokroppen som redskap bildade att åstadkomma det som kärleken vill och som förståndet tänker? Har inte kroppens organ naturen till upphov medan kärlek och tanke härrör från livet? Är inte dessa sinsemellan alldeles olika? Låt din fattningsförmåga blicka ännu något högre och du kommer att inse att det hör till livet att emotta känslor och att tänka. Emotta känslor hör till kärleken, att tänka hör till visheten och bådadera hör till livet. Ty kärlek och vishet är själva livet, så som förut sagt är. Om du upplyfter din fattningsförmåga ännu något högre kommer du att inse att kärlek och vishet inte finns om de inte någonstans har sitt ursprung — deras ursprung är själva Kärleken och själva Visheten och således själva Livet och dessa är från Gud, från vilken naturen har sin existens.

AMOR — GUDOMLIG OCH DIABOLISK

Den gudomliga kärleken är sådan att den genomtränger hela universum och påverkar var och en alltefter vederbörandes mentala tillstånd. Den påverkar i synnerhet föräldrar och uppväcker hos dem öm kärlek till deras barn, så att de vill vara förenade med dem och göra dem lyckliga. Den påverkar onda som goda, människor som djur. Vilken tanke har en mor när hon har framfött sitt barn om inte att förena sig med barnet och vara god mot det? Vad vill en fågel som kläckt sina små om inte skydda dem med sina vingar och ge dem att äta. T o m ormar älskar sina yngel som är väl känt. Kärlekens universellt verkande sfär påverkar särskilt dem som tar emot Guds kärlek, dvs alla som tror på Gud och älskar sin nästa. Denna sistnämnda kärlek avbildar den gudomliga kärleken.

Vänskap bland icke goda simulerar samma kärlek. Ty var och en som bjuder en vän hem till sig, tar emot honom vänligt, skakar hand med honom och ser till att bjuda på det bästa han har hemma. Det är denna gudomliga kärlek som också är källa till sympati mellan besläktade själar och som lockar dem att hålla ihop.

Samma gudomliga kärlekssfär påverkar även själlösa ting som träd och örter — men här sker det genom den naturliga solens ljus och värme. Ty värmen kommer utifrån och förenar sig med dem och kommer dem att gå i knopp, slå ut i blom och bära frukt. Allt detta är de själlösa tingens välsignelse. Det är solens värme som gör det ty den korresponderar med andlig värme som är kärlek. Effekten av denna kärlek visar sig också i olika mineraler — därav deras höga värde och allsidiga användning.

Efter beskrivningen av den Gudomliga Kärlekens essens skall jag berätta hur den diaboliska, den djävulska kärleken är till sitt väsen. Den är motsatsen. Den djävulska kärleken är kärleken till det egna jaget, den kallas kärlek men dess verkliga natur är hat. Det är en kärlek som inte älskar något utanför det egna jaget, den vill inte förena sig med någon, den vill inte göra gott mot någon — endast mot det egna jaget. I sitt innersta vill den dominera andra, äga alla andras egendom och slutligen dyrkas som gud. Det är orsaken till att helvetets invånare inte erkänner Gud men dyrkar som gudar dem som har makt över andra — de är lägre eller högre, mindre eller större gudomligheter allt efter graden av maktutövning. Eftersom var och en där längtar efter att dominera andra, brinner han av hat mot sin gud och guden hatar i gengäld sina underlydande och betraktar dem som usla slavar. Han talar likt en smilfink mot dem så länge de tillber honom. Mot andra rasar han öppet. Inuti sig rasar han mot sina skyddslingar. Ty kärleken till det egna jaget är som kärleken mellan tjuvar. Så länge de går samman för att röva är de såtaste vänner, efteråt däremot brinner de av längtan efter att dräpa sina kamrater och stjäla deras lott.

Detta slags kärlek framvisar i helvetet sina lustar på avstånd som olika vilda djur, som rävar och leoparder, som vargar och tigrar, som krokodiler och giftiga ormar. De ödemarker, där de bor, består bara av stenhögar eller bart grus omväxlande med träskmarker där grodor kväker. Illavarslande fåglar flyger tjutande över deras kojor — de är inga andra än de ochim, tziim och ijim som profeterna talar om i Gamla testamentet när det handlar om kärleken till att härska över andra och kärleken till det egna jaget.

GUD – NÄRVARANDE I HELVETET

Att Gud är allestädes närvarande kan belysas av det faktum att änglar och andar på ett mirakulöst sätt är närvarande i den andliga världen. Eftersom det i den världen endast finns skenbara avstånd så kan änglar och andar vara hos varandra inom loppet av ett ögonblick, förutsatt att de har likartad böjelse för kärlek och tanke, ty det är dessa två som ger upphov till förnimmelse av avstånd.

Att det förhåller sig så fick jag lära mig när jag såg afrikaner och indier tillsammans trots att så många mil skiljer dem åt på jorden. Likaså kunde jag vara tillsammans med invånare från andra planeter i vårt solsystem och även med sådana från andra solsystem. Tack vare sådan inte materiellt rumslig men skenbart rumslig närvaro har jag talat med apostlar, avlidna påvar, kejsare och kungar, med grundarna av den protestantiska kyrkan, Luther, Calvin och Melanchton, samt med andra från fjärran länder.

Om änglars och andars närvaro är sådan, vilken gräns kan då finnas för den gudomliga närvaron i universum som ju är ändlös?

Änglar och andar vistas i denna närvaro eftersom varje kärlekens böjelse och därmed också varje förståndets tanke är i rummet utanför rummet och i tiden utanför tiden. Ty var och en kan tänka på en broder, en släkting eller en vän som är i Indien och på så sätt ha honom hos sig såsom närvarande. När han minns sina vänner kan han känna kärlek för dem. Dessa allmänt erkända fakta belyser i någon mån den gudomliga närvaron allestädes.

Det gör också den mänskliga tanken. När en resenär återkallar i minnet vad han sett på olika platser är han så att säga tillbaka på dessa platser. Även synen intygar något liknande, ty den kan inte bedöma avstånd annat än genom mellanliggande objekt. Solen själv skulle förefalla vara tätt intill ögat, ja t o m beröra ögat, om inte mellanliggande föremål angav dess avstånd. Att det förhåller sig så, det har författare i optik observerat. En sådan närvaro hänför sig både till människans intellektuella och fysiska syn, ty hennes ande ser med hjälp av sitt öga.

Annorlunda är det hos djuren, ty de har ingen andlig synförmåga.

Efter detta är att konstatera att Gud är allestädes närvarande från det första till det sista i den av Honom upprättade ordningen — Han är också allestädes närvarande i helvetet.

HAVET SUF

En gång hörde jag under mig liksom ett brusande hav och jag frågade vad det var.

Någon svarade att det var larmet från några andar som samlats i underjorden strax ovanför helvetet.

Då öppnades jorden som utgjorde deras tak. Och se! ut flög en mängd ugglor som drog sig åt vänster. Strax efter dem kom gräshoppor som hoppade i gräset på marken och överallt förvandlade den till öken. Sedan hörde jag flera gånger ugglorna tjuta och från samma håll kom skrik som från spöken i skogarna. Därefter fick jag se vackra fåglar från himlen vilka flög ut åt höger. De hade vingar liksom av guld, här och där med ränder och fläckar av silver. På några huvuden fanns kammar i form av kronor.

Då jag stod och förundrade mig över detta dök det plötsligt upp en ande från underjorden, där jag nyss hört larmet. Han kunde omskapa sig till en ljusets ängel och ropade:

— Var är den där karlen som talar och skriver om den ordning som den Allsmäktige skulle ha bundit sig till med hänsyn till människan? Hans ord nådde oss underifrån genom taket.

Den här anden sprang fram mot mig på vägen och gjorde sig till som om han var en himlens ängel. Han sade i en ton som alls inte var hans egen:

— Är det du som tänker och talar om ordningen? Säg mig i korthet vad ordning är och ange några av dess lagar.

Jag sade:

— Jag skall redogöra för det huvudsakliga innehållet, men jag går inte in på enskildheter för det skulle du inte fatta.

Och jag fortsatte:

— 1:o Gud är själva ordningen. 2:o Han har skapat människan ur ordningen, i ordningen och till ordningen. 3:o Han har skapat hennes förnuft efter hela den andliga världens ordning och hennes kropp efter den naturliga världens ordning — därför kallade antikens tänkare människan en mikro-uranos och en mikro-kosmos. 4:o Ordningslagen är den att människan från sin himmel eller sin lilla andliga värld skall styra sin lilla naturliga värld liksom Gud från sin stora himmel, makro-uranos, styr makro-kosmos, dvs den naturliga världen både i sin helhet och i sina enskildheter. 5:o Därav följer den ordningens lag att människan har att låta sig införas i tron genom sanningar i Ordet och i kärleken genom goda gärningar och på detta sätt pånyttföda sig. 6:o Det är en ordningens lag att människan genom sitt eget bemödande och sin egen kraft skall rena sig från sina synder och inte vanmäktigt bara stå och vänta på att Gud i ett ögonblick skall rentvå henne från hennes synder. 7:o En ordningens lag är också att människan skall älska Gud av hela sin själ och hela sitt hjärta och sin nästa såsom sig själv och inte gå och vänta på att Gud skall föra in i henne dessa två slag av kärlek så som bagaren sätter in brödet i ugnen.

När den här satanen hade hört detta, sade han med tillgjort inställsam röst:

— Vad är det du säger? Skall människan av egen kraft inställa sig i ordningen genom att frivilligt uppfylla dessa lagars krav? Vet du då inte att människan icke är under lagen utan under nåden, att allt gives henne gratis, att hon inte kan ta till sig någonting om det inte gives henne från himlen, att hon i andliga frågor icke kan av sig själv göra mer än Lots förstenade hustru eller Dagon, filistéernas avgud i Ekron, att det följaktligen är människan omöjligt att rättfärdiggöra sig själv — något som kräver tro och kärlek.

Härtill svarade jag blott:

— Det är också en ordningens lag att människan genom sitt eget bemödande och sin egen kraft skall förvärva sig tron medelst sanningar i Ordet och att hon likväl skall tro att inte det ringaste av tron kommer från henne själv utan från Gud — samt vidare att människan genom sitt bemödande och sin kraft skall rättfärdiggöra sig men likväl inte tro att ett enda grand av rättfärdiggörelse kommer från henne själv utan från Gud. Är det inte befallt att människan skall tro på Gud samt älska Gud av alla sina krafter och sin nästa såsom sig själv? Tänk efter och säg sedan — hur skulle Gud kunna befalla detta om människan inte hade kraft att lyda och göra det?

När satanen hörde detta förändrades hans ansikte, från att ha varit strålande blev det nu gulblekt och därpå svart. Och med det tonfall som var hans naturliga väste han:

— Du har talat orimligheter, den ena värre än den andra.

Strax nedsjönk han till de sina och försvann.

Ugglorna och spökena till vänster gav ifrån sig konstiga ljud och dök ner i det hav som där kallas Suf. Gräshopporna följde efter. Luften renades. Jorden befriades från de vilda djuren. Och i underjorden blev det lugnt och fridfullt.

I DET KLARA GRYNINGSLJUSET

När jag en morgon vaknade upp ur sömnen och i det klara gryningsljuset som föregår dagen, låg och mediterade, såg jag genom fönstret en kraftig blixt och strax därpå hörde jag en åskknall.

Jag undrade varifrån det kom. Då hörde jag från himlen att det inte långt ifrån mig pågick en häftig diskussion om Gud och naturen och att blixtarna och åskmullret motsvarade de kolliderande argumenten — collisioni argumentorum — i denna strid, för Gud från den ena parten, för naturen från den andra.

Den här andliga konflikten uppstod på följande sätt. Det var några sataner i helvetet och de sade sinsemellan:

— Om vi ändå kunde få tillfälle att tala med himlens änglar, så skulle vi bevisa för dem att naturen ovedersägligen är det som de kallar Gud, att naturen är alltings upphov, att Gud bara är ett tomt ord om man därmed inte menar naturen.

Eftersom nu dessa sataner av allt sitt hjärta trodde detta och ville tala med himlens änglar, så fick de tillåtelse att uppstiga ur helvetets dy och mörker och tala med två från himlen nedstigande änglar.

De befann sig nu i andarnas värld som är belägen mitt emellan himmel och helvete.

Då satanerna upptäckte änglarna rusade de på dem och skrek med ursinniga röster:

— Är ni de där änglarna från himlen som vi skall få träffa och diskutera Gud och natur med? Man säger att ni är insiktsfulla eftersom ni erkänner existensen av en Gud. Men ack, vilken enfald. Vem har sett Gud? Vem kan begripa vad Gud är? Hur kan någon tro att Gud kan regera universum och allt som finns däri? Är det inte bara enkelt folk — plebs et vulgus — som tror på vad de varken kan se eller förstå? Finns det någonting mer påtagligt än detta att naturen är allt i alla? Vad ser vårt öga annat än naturen? Vad hör örat, vad luktar näsan, vad smakar tungan — annat än det som hör naturen till? Har någon med sin hand eller kropp vidrört någonting annat? Är inte kroppens sinnen våra sanningsvittnen? Vem är det som inte vågar svära på deras vittnesbörd? Är inte själva andedräkten som ger liv åt kroppen ett vittne? Vad andas vi annat än något som hör naturen till? Befinner sig inte både våra och era huvuden i naturen? Varifrån skulle det som inflyter i våra tankar komma, om inte från naturen? Ta bort naturen — vad kan vi då tänka?

Deras argument fortsatte att strömma som mjöl.

När änglarna hört på ett slag, sade de:

— Ni talar på detta sätt därför att ni är helt sinnliga. Alla i helvetet har sina föreställningar nedsänkta i kroppens sinnen och de kan inte lyfta sin mentala verksamhet högre. Därför skall vi ha överseende med er. Dåligt leverne och därav åtföljande tro på lögner har stängt till det inre av ert mentala jag till den grad, att möjligheten att gå utöver det rent sinnliga inte längre står er till buds, såvida ni inte förflyttar er bort från det dåliga levernet och tron på lögner. Ty en satan kan precis som en ängel förstå det sanna då han hör det, men han förmår inte hålla kvar det, eftersom det dåliga livet utplånar sanningen och attraherar lögnen.

Men vi inser nu att ni avlägsnat er från ert normala tillstånd och att ni följaktligen kan fatta den sanning vi framför. Alltså — hör nu på uppmärksamt.

Och änglarna yttrade sig som följer:

— Ni var i den naturliga världen, och där dog ni. Och nu är ni i den andliga världen. Hade ni förut någon vetskap om ett liv efter döden? Var det inte så att ni förnekade det och därmed gjorde er jämbördiga med djuren? Visste ni någonting om himmel och helvete, om ljuset och värmen i den här världen där ni nu befinner er? Har ni klart för er att ni nu inte är i naturen utan förflyttade ovanför den? Den här världen är andlig och allt i den andligt. Inte något, inte ens det allra minsta, av den natur som ni tidigare levde i, kan komma in i den här världen. Men eftersom ni har trott att naturen är gud eller gudinna så tror ni också att ljuset och värmen här är naturens ljus och värme, under det att här i själva verket ingenting finns därav. Det naturliga ljuset är här mörker. Den naturliga värmen är här kyla. Har ni haft någon kännedom om den andliga världens sol som ger oss ljus och värme? Visste ni att den solen är ren kärlek och att den naturliga världens sol är ren eld — och att det är ur denna rena eld som naturen framgått och har bestånd medan himlens sol som är idel kärlek är den varur själva livet framgått och består, sammansatt av kärlek och vishet som den är? Visste ni att den natur som ni gör till gud eller gudinna i själva verket är alldeles död?

Änglarna fortsatte:

— Om ni kan få vakter som följer med, så kan ni med oss uppstiga till himlen. Kan vi få medföljande vakter, så kan vi tillsammans med er gå ner i helvetet. I himlen kommer ni att få se magnifika saker men i helvetet orenhet och styggelse. Denna olikhet härrör från det faktum att alla i himlen dyrkar Gud, men alla i helvetet dyrkar naturen — de magnifika tingen i himlen motsvarar böjelser som kommer av kärleken till det goda och sanna, styggelserna i helvetet motsvarar böjelser som kommer av kärleken till dåligt leverne och lögner. Dra nu era slutsatser av vad vi har sagt, om det är Gud eller naturen som är allt i alla.

Till detta svarade satanerna:

— I det tillstånd som vi nu befinner oss, kan vi av det sagda dra slutsatsen att Gud existerar, men då det dåliga levernets lockelser ockuperar vårt tänkande, så ser vi ingenting annat än natur.

De två änglarna och de två satanerna stod inte långt ifrån mig. Jag såg och hörde dem. Och se — runt omkring dem upptäckte jag många som på jorden varit berömda för sin lärdom. Och det förvånade mig att se hur dessa lärda än ställde sig intill änglarna, än intill satanerna och att de höll med dem de stod nära.

Man sade mig att deras förflyttning än till den ena än till den andra motsvarade ombytligheten i deras tänkesätt. De höll med än den ena, än den andra. De var till sin tro lika Vertumnus — vindflöjlar.

Änglarna sade:

— Vi skall säga dig hemligheten. Vi har uppmärksammat förhållandena på jorden bland berömda lärda och vi fann att sextio procent av dem var för naturen och resten för Gud. De som var för Gud, var det inte genom några intellektuella överväganden utan bara därför att de ofta hört att naturen skulle vara skapad av Gud och därför talat i den riktningen. Att i sitt tal upprepa vad man inpräntat i minnet ger upphov till ett slags tro även om inte tankeförmågan kommit till användning.

Satanerna fick nu bevakning och de begav sig med de två änglarna upp till himlen och fick se alla magnifika ting. Då de nu upplystes av himlens ljus, erkände de Guds existens och de erkände att naturen är skapad att tjäna livet som är av Gud. De erkände också att naturen i sig är död och att den av sig själv inte utövar någon verkan — dess verkan härrör från livet som är Gud.

Då de sett och fattat detta, steg de ner och efterhand som de kom utför återkom kärleken till dåligt liv och stängde till deras intellekt för inflytelser ovanifrån och öppnade för inflytelser underifrån.

Då visade sig över deras intellekt ett svart moln med blixtar från helvetets eld. Och i samma stund som de vidrörde jorden med fötterna, öppnade den sig under dem och de störtade åter tillbaka till de sina.

UNIVERSELL KORRESPONDENS

En ängel kom från ett himmelskt samfund till mig och sade:

— Vi har hört att du efter att ha mediterat över universums skapelse blev kallad till våra grannar och att du där berättade om skapelsen sådant som de tyckte om att höra och som gladde dem. Jag skall nu visa dig hur alla djur och växter är Guds produkter.

Han förde mig till ett vidsträckt grönt fält och sade:

— Se dig omkring.

Och jag såg mig omkring och där var fåglar med de skönaste färger, några flög, andra satt uppe i träden, åter andra satt på marken där de plockade små rosenblad.

Bland fåglarna var duvor och svanar.

Så försvann detta och då såg jag på nära håll hjordar av får och lamm, bockar och getter, och i ring omkring dessa hjordar såg jag oxar och kalvar, kameler och mulåsnor, och i en lund hjortar med höga horn, även enhörningar.

Sedan sade han:

— Vänd nu blicken åt öster.

Och jag såg en trädgård med fruktträd, med apelsiner och citroner, jag såg olivträd, vinstockar, fikonträd och även bärbuskar.

— Se nu åt söder, fortsatte han.

Och jag såg skördar av vete, hirs, korn och bönor. Och

runt omkring blomsterodlingar med rosor i olika vackra färger.

Slutligen åt norr — där såg jag lundar med kastanjer, palmer, lindar, plataner och andra lövträd.

Då jag nu sett mig omkring, sade han:

— Allt detta korresponderar med de böjelser som de i trakten bosatta änglarnas kärlek uppväcker.

Han redogjorde för sambandet mellan varje enskild företeelse och dess korresponderande böjelse.

Han fortsatte:

— Också allting annat som visar sig inför våra ögon är motsvarigheter, såsom hus, bohag, bord, maträtter, kläder, mynt av guld och silver, diamanter och andra ädelstenar som pryder gifta kvinnor och jungfrur i himlarna. Av alla dessa ting förnimmer vi hur var och en är vad gäller kärlek och vishet. Det bohag som finns i våra hem och som används, det förblir oförändrat. Men för dem som vandrar från ett samfund till ett annat förändras det alltefter dem de umgås med. Allt detta har kommit till din kännedom för att du av ett enskilt fall skall få en uppfattning om den universella skapelsen. Ty Gud är själva kärleken och själva visheten. Hans kärleks böjelser är oändliga liksom förnimmelserna i Hans vishet. Och med dessa böjelser och förnimmelser korresponderar alla ting som finns till på jorden. Fåglar, däggdjur, träd och buskar, sädesfält och skördar, örter och gräs — allt har sitt upphov i dessa böjelser och förnimmelser. Gud har ingen utsträckning men är i alla tings utsträckning. Så är han i universum, från det första till det sista. Eftersom han är allestädes närvarande, finns i hela den naturliga världen, på jorden, motsvarigheter till hans kärleks och hans vishets böjelser. Men i vår värld som kallas den andliga, finns dessa motsvarigheter hos dem som från Gud tar emot böjelser och förnimmelser. Skillnaden är den att sådana ting i vår värld skapas av

Gud momentant, på ögonblicket, alltefter änglarnas böjelser. I er värld, i den naturliga världen, på jorden, skapades i begynnelsen allt på samma sätt, men det ordnades så att de därefter i generationer, den ena efter den andra, skulle förnyas och därmed skapelsen fortsätta. Orsaken till att skapelsen i vår värld är momentan och i er sker genom fortplantning, det är att atmosfär och mark hos oss är andliga medan de hos er är naturliga, och de naturliga tingen är till för att bekläda de andliga tingen på samma sätt som hud bekläder människor och djur, bark och bast trädens stammar och grenar, mjuka hinnor hjärnan, nerver och nervernas fibrer osv. Därav kommer det sig att allt som finns i er värld är konstant och beständigt återkommer.

Han tillade:

— Vad du här sett och hört, rapportera det för invånarna på jorden, ty hittills har de varit fullständigt ovetande om den andliga världen. Utan sådan kunskap kan ingen veta, inte ens ana sig till, att skapelsen fortsätter i vår värld och att den en gång i er värld var precis likadan, nämligen när Gud skapade universum.

Därefter talade vi om olika saker och till sist om helvetet. Där finner man ingenting av det som är i himlen utan endast ting som är rakt motsatta dessa. Onda lustar är antagonistiska till den kärlek himlens änglar lever i. Därför ser man hos helvetets invånare — i synnerhet ute i ödemarken — fladdermöss, ugglor och uvar, vargar, leoparder och tigrar, råttor och möss, alla slags giftiga ormar, därtill drakar och krokodiler. Och växer det gräs någonstans, strax kommer det upp törnen, nässlor, tistlar och kardborrar och giftiga örter som kommer och försvinner och kommer tillbaka. Sedan ser man bara stenrammel och träsk — där grodor kväker.

Även allt detta är korresponderande ting — de motsvarar kärleken hos dem som attraheras av onda lustar.

Det är icke Gud som skapat dessa ting i helvetet eller på jorden. Ty allt som Gud skapat och skapar var och är gott. Sådana ting har uppstått på jorden samtidigt med helvetet på grund av att människor vände sig bort från Gud och blev till djävlar och sataner efter döden.

Men eftersom dessa hemskheter började skära i våra öron, så vände vi bort våra tankar från dem och erinrade oss vad vi hade fått se i himlen.

SATAN OCH SIREN

En satan fick en gång tillåtelse att stiga upp ur helvetet och kom tillsammans med en kvinna fram till huset där jag var. Då jag såg dem, stängde jag fönstret, men talade ändå med dem genom detta och frågade satanen varifrån han kom.

Han svarade:

— Från mina kumpaner.

Jag frågade vidare varifrån kvinnan kom och hon svarade:

— Samma här.

Hon tillhörde sirenerna som har den förföriska förmågan att styra ut sig i alla former av skönhet. Än antar de Venus utseende, än smyckar de sig som vältaliga nymfer, än pryder de sig som drottningar med diadem och mantlar och rör sig magnifikt stödda på en silverkäpp. Sådana är i den andliga världen horor och de är skickliga i förförelsekonster. Sensuella tankar inspirerar dem, under det att föreställningar som kommer från ett inre tänkande är blockerade.

Jag frågade satanen om hon var hans hustru, men han svarade:

— Vad är en hustru? Det vet inte jag. Det vet ingen av mina kumpaner. Hon är min hora.

Då uppväckte hon hans sexuella lust, något som sirener

verkligen förmår, och då han blivit upptänd, kysste han henne och sade:

— Å du min sötunge!

Men nu till allvaret. Jag frågade satanen vilken syssla han ägnade sig åt. Han svarade:

— Jag är akademiker. Ser du inte lagern på mitt huvud.

Den hade horan flätat konstfullt och satt runt nacken på honom.

Jag sade:

— Eftersom du kommer från ett samfund där akademier finns, så säg vad du och dina kamrater tror om Gud.

— Gud är för oss världsalltet, svarade han, det som vi också kallar naturen. — Gud, himmel, änglar och liknande som många prata om i världen är bara tomma ord eller fantasier framlockade av vissa atmosfäriska fenomen. Är inte allt som finns på jorden skapat av solen? Föds inte både bevingade och obevingade insekter vid solens ankomst om våren? Är det inte då som fåglarna parar sig och fortplantar sig? Och när jorden blivit uppvärmd, då låter den säden spira och till sist bär den frukt precis som små barn. Är inte världsalltet gud och naturen gudinna? Den gudinnan är universums maka och hon undfår, föder, uppfostrar och ger näring åt allt.

Jag frågade vad han och hans samfund trodde om religionen.

— Religionen, sade han, är för oss som är mer bildade ingenting annat än ett medel att trollbinda den stora hopen. Religionen omsluter deras känslor och fantasier liksom i en atmosfär där fromma tankar flyger som fjärilar i luften. Deras tro förenar dessa fromma tankar och är som silkesmasken i sin puppa, ur vilken han flyger ut som fjärilarnas konung. Den obildade hopen älskar fantasier som flyger högt över sinnevärlden. De har en sådan lust för det högtflygande att de gör sina egna vingar för att liksom örnar lyfta och ropa till jordinvånarna: "Se på mig!" Vi däremot, vi tror på det vi kan se, och vi älskar det vi kan ta på.

Och nu tog han på sin hora och sade:

— Detta tror jag på, för det ser jag och känner. Men annat nonsens kastar vi bort genom fönstret och skrattar ut.

Jag frågade honom vad han trodde om himmel och helvete.

Han svarade med ett gapskratt:

— Vad är himlen annat än firmamentet över oss. Vad är stjärnorna där annat än prickar som irrar runt solen? Vad är ärkeänglar annat än kometer med lång svans på vilken deras anhängare håller sig fast? Vad är helvetet annat än sankmarker där grodor och krokodiler i folks fantasi framstår som djävlar? Allt annat som predikas om himmel och helvete är bara snack, påhittat av någon prelat för att vinna berömmelse hos den obildade hopen.

Denne satan sade precis som han hade tänkt i världen, okunnig om att han nu levde efter döden. Han hade glömt allt det man hade undervisat honom om då han var nyanländ till andarnas värld.

Då jag frågade honom om livet efter döden svarade han att det bara var ett inbillningsfoster — eventuellt uppväckt av någon dunst från ett lik i graven eller av något spöke.

Då jag hörde detta kunde jag inte avhålla mig från att skratta.

— Du din satan, sade jag, du är ju fullkomligt vansinnig. Var är du nu då? Är du inte till utseendet en människa? Du talar ju, du ser, hör, du går. Har du glömt att du har levat i en annan värld och att du nu lever efter döden och att du har talat på samma sätt som förr.

Då mindes han. Och han skämdes över vad han hade sagt.

— Jag är galen, skrek han, jag har ju sett himlen där uppe. Jag har hört änglarna tala outsägliga ting. Men detta var när jag just hade anlänt hit. Nu skall jag komma ihåg alltsammans och berätta för mina kamrater. Kanske skall också de skämmas.

Han hade det på tungan att säga att de var galna, men efterhand som han steg ner i underjorden tog glömskan makten över minnet. Då han kommit till de sina var han på nytt lika galen och kallade det han hade hört av mig för galenskaper.

Så är det med satanernas tanke och tal efter döden. Sataner kallas de som satt sin tro till lögner. Djävlar kallas de som genom sitt levnadssätt hävdar det onda hos sig.

TVÅ TÄLT

En gång såg jag i den andliga världen ett irrbloss falla genom luften ner på jorden. Det lyste runt omkring. Det var en meteor — av gemene man kallad en drake.

Jag märkte ut stället där den föll ner. Men i dagningen, strax innan solen gick upp, försvann den. Så är fallet med alla irrbloss.

Senare på dagen besökte jag platsen och se! jorden bestod där av en blandning av svavel, järnfilspån och lera.

Plötsligt syntes två tält. Det ena reste sig mitt över platsen i fråga, det andra vid sidan, mer åt söder. Jag tittade upp och fick syn på en ande som likt en blixt föll ner från himlen och rusade in i tältet som stod där meteoren fallit. Jag stod i öppningen till det andra tältet och såg snart anden stå i öppningen till sitt tält.

Jag frågade honom hur det kom sig att han så föll ner från himlen.

Han svarade att han som en drakens ängel blivit nedkastad av Mikaels änglar därför att han talat om den tro han bibringats medan han levde på jorden. Däri ingick föreställningen att Gud Fader och Guds Son var två personer och inte en.

— Alla där uppe i himlen, sade han, tror nu för tiden att de är ett som själ och kropp. Och varje ord som strider mot denna uppfattning är som något som sticker i näsborrarna eller genomborrar öronen som en syl och som ger svår smärta. Den som på detta sätt har en motsatt mening tillsägs att ge sig iväg. Om han vägrar, kastar man ut honom.

När jag hörde detta, sade jag:

— Varför trodde du inte som de?

Han svarade att ingen kan efter sin bortgång från världen tro annat än det man redan inpräglat i sig. Det förblir ingrott och kan inte utplånas — det gäller särskilt vad man inpräglat beträffande Gud. Var och en får sin plats i himlarna allt efter sin uppfattning om Gud.

Vidare frågade jag på vad grunder han hade trott att Fadern och Sonen var två personer.

— Av de ställen i Ordet, sade han, enligt vilka Sonen bad till Fadern, inte endast före sitt lidande på korset utan även medan han led. Han ödmjukade sig för sin Fader. Hur kan de då vara *en* så som kroppen och själen utgör ett i människan? Vem vänder sig med bön som till en annan om han själv är denne andre? Så gör ingen, allraminst Guds Son. Och dessutom — på min tid delade den kristna kyrkan Gudomen i personer och varje person är en för sig bestående enhet.

Då jag hörde detta, sade jag:

— Jag märker av det du sagt att du alls inte vet hur Gud Fader och Sonen är ett, och eftersom du inte vet det så har du inpräglat i dig de lögner som kyrkan ännu framställer om Gud. Vet du inte att Herren då han var i världen hade en själ precis som varje annan människa. Och varifrån hade han den, om inte från Gud Fader? Att så är framgår tydligt av evangelisternas ord. Vad är det som kallas Son annat än det människoväsen som avlades av Faderns Gudomsväsen och som föddes av jungfru Maria? En moder kan inte avla själen — det strider mot den ordning som gäller för människans födelse. Inte heller kan Gud Fader inplantera sin själ och sedan dra sig tillbaka så som varje fader i världen kan göra, ty Gud är sitt Gudomliga väsen och detta är ett och odelbart och eftersom det är odelbart så är det Han själv. Därför säger Herren att Fadern och Han är ett, att Fadern är i Honom och Han i Fadern. — Att Herren i världen bad till Fadern som till en annan och att han ödmjukade sig inför Fadern som inför en annan, det skedde enligt den från skapelsen stadgade ordningen som är oföränderlig, och enligt denna ordning bör var och en framskrida till förening med Gud. Ordningen är den att efterhand som människan lever enligt ordningens lagar, dvs efter Guds bud, så förbinder sig Gud med människan och gör henne från en naturlig människa till en andlig människa. På samma sätt förenade sig Herren med sin Fader och Gud Fader sig med honom. Var icke Herren då han var barn, såsom ett barn, och då han var gosse, som en gosse? Står det icke skrivet att Han tillväxte i visdom och nåd — och sedan att Han bad Fadern att Han skulle förhärliga sitt namn, dvs med sitt människoväsen? Att förhärliga är att genom föreningen med sig själv göra det Gudomligt. — Densamma ordning är från skapelsen inskriven i varje människa. I den mån nämligen som människan bildar sitt intellekt genom sanningar ur Ordet i samma mån gör hon intellektet mottagligt för tro från Gud, och i den mån hon bildar viljan genom goda gärningar, anpassar hon i samma mån viljan till att bli mottaglig för kärlek från Gud. Ty i den mån en diamantslipare slipar diamanten gör han den skickad att motta och utsända ljusstrålarna osv. Att bereda sig att ta emot från Gud och förena sig med Honom är att leva enligt den Gudomliga ordningen, och ordningens lagar är alla Guds bud. Dessa har Herren uppfyllt till varje prick — följaktligen har han gjort sig till en mottagare för hela Gudomen.

DET TVETUNGADE

På jorden är människans tal tvåfaldigt eftersom hennes tanke är yttre och inre. Hon kan uttala sin inre och sin yttre tanke samtidigt. Men hon kan också tala utifrån en yttre tanke avskild från den inre, ja rent av tvärtemot den inre. Det är förklaringen till förställning, smicker och hyckleri.

Men i den andliga världen har inte människan möjlighet till sådant tvetungat tal utan blott till ett enkelt tal. *Där talar hon som hon tänker* annars skorrar ljudet illa och gör ont i öronen. Dock kan hon tiga och därmed inte uttala sina tankar. När därför en hycklare kommer in bland förståndiga, så går han antingen sin väg eller sätter sig i en vrå, gör sig osynlig och stum.

En gång var många samlade i andevärlden och kom att tala om denna sak och sade att det var mycket besvärande för sådana som inte hade rätt tanke om Gud och Herren, att de inte kunde säga annat än vad de tänkte när de var i ett gott sällskap.

I församlingen fanns några protestanter och en hel del präster. Bredvid dem stod katoliker med några munkar. Bägge parter påstod att det inte var något problem.

— Vem är det som behöver tala annorlunda än han tänker. Om någon till äventyrs tänker fel kan han ju tiga.

En präst sade:

— Vem är det som inte tänker rätt om Gud och Herren?
Men några i församlingen föreslog att man skulle pröva dem. De sade till dem som övertygats om en treenighet bestående av tre personer att de skulle säga ''en Gud'' — men det kunde de inte. De vred sina läppar och trutade med munnen, men de kunde inte artikulera andra ord än dem som stämde överens med deras tanke — och i tanken hade de endast bilden av tre personer och föreställningen om tre gudar.

ARMAGEDDON

Jag skådade in i andarnas värld och såg en krigshär på röda och svarta hästar. De som satt på dem såg ut som apor, vända med ansikte och bröst mot hästarnas svansar och med ryggen mot hästarnas huvuden. Tyglarna hängde runt ryttarnas halsar. De skrek mot dem som red på vita hästar i syfte att skrämma dem, samtidigt som de drog i tyglarna och höll tillbaka hästarna från striden. Och så fortgick det.

Då anlände två änglar från himlen. De kom fram till mig och sade:

— Vad ser du på?

Jag berättade om det där tokiga rytteriet och undrade vad det kunde betyda.

Änglarna svarade:

— De är från ett ställe som heter Armageddon där flera tusen har samlats för att strida mot dem som tillhör Herrens nya kyrka, kallad det nya Jerusalem. I Armageddon höll de tal om kyrkan och religionen, ändå fanns det hos dem ingenting av kyrka ty de hade ingen andlig sanning, ingenting av religion heller, ty de hade ingenting andligt gott. De talade med sina läppar om både det ena och det andra men enbart för att härska. De hade i ungdomen lärt sig att hylla tron allena och ha en åsikt om Gud, men då de befordrades till högre tjänster inom kyrkan upphörde de att tänka på Gud och himlen för att i stället tänka på sig själva och världen. De frågade inte efter evig sällhet och lycksalighet utan bara efter världslig framgång och pengar. Kyrkans sanningar är för dem endast munväder och ej något som hör till intellektets tanke och än mindre till kärlekens böjelser. Hos dem finns inget rum för Gudomlig sanning som har förbindelse med kyrkan, ej heller för något genuint gott (genuinum bonum) som har förbindelse med religionen. Deras mentala inre (interiora mentis) kan jämföras med flaskor fulla med järnfilspån blandade med svavelpulver, häller man vatten däri, uppstår först hetta, sedan låga varefter flaskorna sprängas. Likadant är det med dessa präster, så snart de hör något om det levande vattnet som är det genuint sanna i Ordet, och detta går in genom deras öron, så blir de starkt upphettade, de flammar av raseri och de förkastar det som något som kunde spränga deras huvuden. Dessa är det som ser ut som apor där de rider baklänges på röda och svarta hästar med tyglarna slängda om halsarna. De som inte älskar det i kyrkan som är det sanna och goda från Ordet, de vill inte se hästens huvud utan dess bakdel. Ty häst betyder förstånd genom Ordet. En röd häst betyder förståelse av Ordet berövad det goda i det, och en svart häst betyder förståelse av Ordet berövad sanningen. Att de höjde stridsrop mot ryttarna på de vita hästarna hänger samman med att en vit häst betyder förståelse av Ordet både till dess sanna och dess goda. Att du såg dem hålla tillbaka hästarna hängde samman med att de fruktade att strid skulle leda till att Ordets sanning skulle bli känt av många och komma fram i ljuset. Detta är tydningen.

DÅ SKRATTAR DE HÖGT

Inom kyrkan vet man knappt idag att det i varje människas vilja och tanke, i varje handling och i varje ord, finns ett inre och ett yttre. Och att människan alltifrån barnsben lär sig att tala från det yttre hur mycket än hennes inre protesterar — härigenom uppstår tillgjordhet, smicker och hyckleri.

Människan är följaktligen en dubbelnatur (duplex). Endast den är enkel och entydig, vars yttre tänker och talar och vill och handlar utifrån sitt inre. Dessa är det som i Bibelordet kallas ''de enfaldiga'' (Lukas 7:15, 11:34) trots att de besitter större grad av vishet än de tvetydiga dubbelnaturerna.

Alla skapade ting är tvåfaldiga och trefaldiga, något som framgår redan av den mänskliga kroppens olika delar. Varje nerv består av fibrer och varje fiber av fibriller. Varje muskel är sammansatt av fiberknippen och dessa i sin tur av fibrer. Varje artär är uppbyggd av vävnader i serier om tre.

Sammalunda är det med det mentala hos människan — dess andliga uppbyggnad är likartad, dvs delad i tre regioner, den högsta och innersta kallas himmelsk, den mellersta andlig och den lägsta naturlig.

Alla de som förnekar Bibelordets Helighet och Herrens Gudomlighet tänker i den lägsta regionen — men eftersom de alltifrån barndomen undervisats i kyrkans andliga sanningar, så tar de emot dem — men förlägger dem till en lägre nivå än den naturliga sfären med dess sinnliga, politiska och allmänt moraliska fenomen. Eftersom det andliga därvid hamnar på den lägsta mentala nivån som ligger nära talcentrum, så talar de andligt i kyrkan och på offentliga möten och det underliga är att de inbillar sig tänka och tala utifrån tron.

Dock — så snart de är hemma hos sig själva och fria, då öppnas den dörr som tidigare varit stängd in till deras inre reella tänkesätt och då skrattar de högt åt sina egna offentliga yttranden och säger i sina hjärtan att teologin är en alldeles speciell snara att fånga duvor i.

URHOLKADE BAKHUVUDEN

En gång promenerade jag i sällskap med några änglar i den andliga världen som är mitt emellan himmel och helvete och dit alla människor först kommer efter döden och där de förberedas, de goda för himlen, de onda för helvetet.

I norr såg jag en väg fullpackad med andar, så tätt att de nästan trängdes. Jag berättade för änglarna att jag ofta sett den vägen förut och andar som rörde sig på den, liksom en hel armé. Man hade sagt mig att det var den väg som alla måste gå som avlidit i den naturliga världen. Orsaken till att vägen är så packad med andar är att otaliga människor dör varje vecka och att alla efter döden flyttar över till den andliga världen.

Änglarna sade:

— Vägen slutar mitt i den värld där vi nu befinner oss. Öster om oss finns de samfund som lever i kärlek till Gud och nästan. Väster om oss finns de samfund som lever i en kärlek av motsatt art. Söder om oss finns de samfund som lever i förnuftet — och hit kommer de nyanlända från den naturliga världen först. Här förefaller dem deras yttre liv vara precis som det var i den förra världen. Men gradvis framträder deras inre verkliga liv och deras kvalitet blir undersökt. Efter undersökningen beger sig de goda an-

darna till sina platser i himlen och de onda till sina platser i helvetet.

Vi ställde oss vid slutstationen för den nämnda vägen och sade:

— Låt oss stanna här en stund och tala med några nykomlingar.

Vi valde ut tolv. Och ingen av dem visste ännu någonting annat än att de var kvar i den naturliga världen. Vi utfrågade dem om deras tankar om himmel och helvete och om livet efter döden.

Den förste svarade:

— Prästerna har hos mig inpräntat den tron att vi skall leva efter döden och att himmel och helvete finns. Alltså har jag också trott att alla som lever moraliskt kommer till himlen. Men ingen kommer till helvetet eftersom ju alla lever moraliskt. Helvetet är uppdiktat av prästerna för att skrämma en från ett dåligt leverne. Vad spelar det för övrigt för roll vad jag tänker om Gud? En tanke är ju bara agnar eller en bubbla på vattnet som brister och försvinner.

Den andre sade:

— Min tro är att himmel och helvete finns, att Gud styr himlen och djävulen helvetet. Men eftersom de är varandras fiender kallar den ene ont vad den andre kallar gott. En människa som låtsas vara moralisk och som kan få det onda att se ut som gott och det goda som ont står på bådaderas sida. Det har ingen betydelse om jag håller mig till den ene eller den andre av de två, bara han gynnar mig. Människan gläder sig i lika mån åt det onda som åt det goda.

Den tredje sade:

— Det gör detsamma om jag tror att himmel och helvete finns eller inte. Vem har kommit därifrån och berättat hur det var? Om alla människor skulle leva efter döden, varför har då inte en enda av dessa otaliga kommit tillbaka och sagt någonting om det?

Den fjärde sade:

— Jag skall säga dig varför ingen har kommit tillbaka. Orsaken är att när människan uppgett andan och är död, då blir hon antingen ett spöke eller så förintas hon eller så är hon bara som andedräkten från en mun och hur skulle en sådan kunna komma tillbaka och ha någonting att säga?

Den femte sade:

— Mina vänner, vänta till den yttersta domens dag för då skall alla återgå till sina kroppar. Ni kommer att få se dem och tala med dem och envar kommer att berätta sina öden.

Den sjätte log och sade:

— Hur kan en ande som är en vindfläkt gå in i en kropp som är uppäten av maskar, in i ett skelett som är förbränt av solen och förmultnat till stoft? Hur kan en egyptier som blivit till en mumie och av apotekarna stötts till ett pulver och blandats i en drog som blivit uppdrucken komma tillbaka och berätta något? Vänta ni bara på den yttersta dagen om ni har den tron, men ni kommer att få vänta förgäves.

Den sjunde sade:

— Skulle jag tro på himmel och helvete och således på ett liv efter döden, då skulle jag också tro att fåglar och fyrfota djur också skall få leva. Är inte några av dem lika moraliska och förnuftiga som människor? Man förnekar att djuren lever efter döden. Därför förnekar jag att människan skulle göra det. Det ena ger det andra. För vad är människan om inte ett djur?

Den åttonde som stått bakom den förre trädde nu fram och sade:

— Tro på himlen om ni vill. Något helvete tror jag inte på. Är inte Gud allsmäktig och kan frälsa oss allihopa?

Den nionde tog honom i handen och sade:

— Gud är inte endast allsmäktig. Han är också nådig. Inte kan Han kasta någon i evig eld. Och har någon hamnat där så kan Han inte annat än ta ut honom därifrån.

Den tionde sprang nu fram och sade:

— Jag tror inte heller på något helvete. Har inte Gud sänt sin son och han har försonat och borttagit alla världens synder. Vad förmår väl djävulen mot honom? Och förmår han ingenting — vad är då helvetet?

Den elfte som varit präst blev ursinnig när han hörde detta tal och sade:

— Vet du inte att de som har tron blir saliga och att de som Gud utväljer, får tron? Nådevalet sker efter den Allsmäktiges gottfinnande — Han utväljer dem han finner värdiga. Vem kan stå emot Honom?

Den tolfte som var en politiker teg. Men då man bad honom kommentera svaren, sade han:

— Jag skall inte uttala mig om himmel och helvete och livet efter döden. Ingen vet någonting därom. Men låt prästerna predika om dessa ting och kritisera dem inte, för sådana predikningar håller allmänheten i lydnad för lagar och överhet och därav beror ordningen i samhället.

Vi häpnade då vi hörde detta. Och vi sade till varandra:

— Fastän man kallar dessa för kristna, så är de inte människor, inte heller djur men djurmänniskor.

För att väcka dem ur deras sömn, sade vi till dem:

— Det finns en himmel och ett helvete och ett liv efter döden. Ni kommer att bli fullkomligt övertygade om den saken bara vi skingrat okunnigheten om ert nuvarande tillstånd. De första dagarna efter döden vet nämligen ingen annat än att han ännu lever kvar i den värld han lämnat. Den gångna tiden är som en dröm och när man vaknar tycker man sig vara kvar i den. Så är det med er, därför har ni talat som ni tänkte i den förra världen.

Änglarna visade dem nu hur det förhöll sig och då upptäckte de att de var i en annan värld och tillsammans med okända.

— Var är vi någonstans? frågade de.

Vi svarade:

— Nu är ni inte längre i den naturliga världen utan i den andliga, och vi är änglar.

De sade:

— Om ni är änglar, så visa oss då himlen.

— Vänta lite, sade vi, vi kommer snart tillbaka.

När vi en halvtimme senare återkom, stod de kvar och väntade.

— Följ oss till himlen, sade vi och började stiga uppför tillsammans med dem.

Vakterna öppnade porten och släppte in oss. Vi bad dem som mottog oss att undersöka de nyanlända.

De vände dem då runt och såg att bakre delen av deras huvuden var urholkade varpå de sade:

— Gå bort härifrån. Onda lustar finns hos er och ni är följaktligen inte förenade med himlen. I era hjärtan har ni förnekat Gud och föraktat religionen.

Vi sade till dem:

— Stå inte kvar här, för då kastar man ut er.

Då skyndade de sig att gå därifrån.

På vägen hem talade vi om orsaken till att bakhuvudet hos dem som har sin glädje i att göra ont skulle vara urholkat när de kom till den andliga världen. Jag sade att orsaken var den att människan har två hjärnor, en i bakhuvudet som kallas lilla hjärnan och en i främre delen av huvudet som kallas stora hjärnan. Viljans kärlek bor i lilla hjärnan. Intellektets tanke bor i stora hjärnan. När intellektets tanke inte leder viljans kärlek hos människan så förstörs de innersta beståndsdelarna av lilla hjärnan och den urholkas.

TJÄLE

I den andliga världen finns klimatzoner precis som i den naturliga världen. Ingenting i den senare världen saknas i den förra — även om de har skilda ursprung.

I den naturliga världen beror variationerna i klimat på solens avstånd till ekvatorn. Men i den andliga beror de på viljans och tankens avstånd från sann kärlek och tro. Alla ting i den andliga världen korresponderar med kärlek och tro.

I den andliga världens kalla zoner är förhållandena desamma som i den naturliga världens kalla zoner. Tjälen går i marken. Sjöarna täcks av is. Snö lägger sig över allting.

Dessa kalla zoner är hemvist för dem som i den naturliga världen varit alltför slöa för att tänka över andliga frågor eller göra någon nytta. De kallas nordliga andar.

En gång fick jag lust att besöka några landskap i den kalla zonen där dessa nordliga andar bor.

I anden blev jag nu förd mot norr, till de trakter där hela landet är snötäckt och alla vatten isbelagda. Det var söndag och jag såg människor — dvs andar med samma utseende som människor i världen — men för köldens skull hade de lejonskinn kring sina huvuden med käftarna hängande framför munnarna. De hade leopardskinn om ryggarna och björnskinn över fötterna. Många kom åkande i slädar som var formade som drakar med horn framtill. Slädarna drogs av små hästar som hade svansarna stubbade. De rusade fram som vilda djur medan kuskarna piskade på dem.

Stora skaror samlades utanför en kyrka som var så begravd i snön att den var osynlig. Kyrkvaktare skottade emellertid undan snön så att folk kunde komma in.

Jag fick se det inre av kyrkan. Den var upplyst av många lampor och ljus. Altaret var av huggen sten. Bakom det hängde en tavla med orden: ''Gudomlig Treenighet, Fader, Son och Helig Ande som till sitt väsen är ett, men personligen tre.''

En präst som stod vid altaret föll på knä tre gånger för altartavlan, uppsteg sedan i predikstolen med en bok i handen och började sin predikan om Treenigheten. Han ropade:

— Vilket stort mysterium! att Gud i höjden fött en son från evighet och genom Honom låtit den Helige Ande utgå, att dessa tre förenat sig i ett väsen men åtskilt sig i sina personer. Om vi betraktar detta med förnuftet så förmörkas synen precis som när man stirrar in i solen. Låt oss därför, mina åhörare, beträffande detta mysterium hålla förnuftet i underkastelse under trons lydnad. — Jag säger att en människa inte kan av sig själv tänka förnuftigt eller utifrån tanken tala om dessa ting annat än som en papegoja eller en skata eller en korp — människan är vad beträffar andliga ting som en åsna. Men, församlingsbor, för att inte plåga ert förnuft så låt tron ta det till fånga, ty vår Gudalära är en bottenlös avgrund och i samma stund du däruti släpper in förståndets ljus, så kommer den att sjunka och förgås som en skeppsbruten. Men, ni skall veta, icke desto mindre befinner vi oss i Evangeliets Ljus som strålar högt över våra huvuden — dock utestänger vårt hår och våra huvudskallar detta ljus så att det inte kan lysa in i vårt förstånds kammare.

När prästen hade sagt detta steg han ner och läste välsignelsen från altaret och gudstjänsten var slut.

Jag gick fram till några som stod där och samtalade. Bland dem var också prästen. De kringstående sade:

— Vi tackar dig av hjärtat för en sådan magnifik och av vishet överflödande predikan.

Jag frågade dem:

— Begrep ni någonting?

De svarade:

— Vi hörde på med vidöppna öron. Men varför frågar du om vi förstått? Förståndet står ju still, intellektet bara baxnar inför sådana mysterier.

Prästen tillade:

— Saliga är ni som har hört men inte förstått. Er skall vederfaras lycksalighet.

Jag vände mig till prästen och frågade honom om han var akademiskt utbildad.

— Jag är lagerkransad magister, svarade han.

Jag sade:

— Herr magister, jag har hört dig predika om mysterier. Om du vet att det finns hemligheter och inte vet vad de innehåller så vet du ju ingenting. De är bara som skrin stängda med tre lås, om du inte öppnar och ser igenom dem — vilket sker med förståndet — så vet du ju inte om där ligger dyrbarheter eller nipper eller skadliga ting. Det kunde ju vara huggormsägg och spindelvävar så som skrivet står hos Jesaja 59:5.

När jag sagt detta, såg prästen på mig med hätska blickar.

Kyrkfolket steg upp i sina slädar och for iväg, berusade av paradoxer, bedårade av tomma ord och försänkta i ett tjockt mörker i allt som hör tron och frälsningen till.

YTTRE FODRAL

Man säger inom kyrkan att Bibelordet är heligt eftersom Herren Jehovah dikterade det. Men eftersom man inte kan se det heliga i själva bokstavslydelsen så förekommer det att man börjar tvivla och inför vissa ställen frågar sig — kan detta verkligen vara heligt och gudomligt?

För att inte sådana tankar skall genomsyra många så att Bibeln till sist förkastas som värdelös och Herrens förbindelse med människan därmed skärs av, så har det behagat Herren att nu avslöja dess andliga innebörd i syfte att visa vari dess helighet och gudomlighet består.

Här några exempel för att belysa detta.

I Bibeln nämns ofta Egypten, Assyrien, Edom, Moab, Ammons barn, filistéerna, Tyrus, Sidon och Gog. Den människa som inte vet att dessa namn syftar på saker i himlen och i kyrkan, kan av misstag få för sig att Bibelordet mycket handlar om folk och nationer — dvs mycket om världsliga förhållanden men föga om de himmelska.

I samma stund hon emellertid får veta vad dessa nationer och deras namn egentligen betyder, kan hon återföras från villfarelse till sanning.

Detsamma gäller var gång hon stöter på ord som trädgårdar, lunder och skogar, olivträd, vinstockar, cedrar, popplar och ekar, vidare berg, kullar, dalar, källor, floder, sjöar och liknande — den som ingenting fattar av Ordets andliga innebörd måste tro att det bara är dessa saker som åsyftas.

Hon vet nämligen inte att trädgård, lund och skog betyder visdom, insikt och kunskap, att olivträd, vinstock, ceder, poppel och ek betyder det goda och det sanna i dess himmelska respektive dess andliga, förnuftiga, naturliga och sinnliga form, att lamm, får, get, kalv och oxe betecknar oskuld, kärlek och naturlig böjelse, att berg, kullar och dalar betecknar kyrkans högre, lägre och lägsta ting.

Vidare — hon vet inte att Egypten betyder insikt, Assur förnuft, Edom natur, Moab det goda i förfalskad form, Ammons barn sanningen förfalskad, filistéerna tron utan kärlek, Tyrus och Sidon kunskapen om gott och sant, Gog yttre dyrkan utan inre böjelse.

I allmänhet förstås med Jakob den naturliga kyrkan, med Israel den andliga, med Juda den himmelska.

När en människa känner till detta, då förstår hon att ordet enbart handlar om det himmelska och att de världsliga ting som nämns bara är yttre fodral.

Ett exempel från Ordet kan illustrera det sagda. Hos Jesaja läser vi:

> På den dagen skall det vara en banad väg från Egypten till Assur så att Assur kan komma till Egypten och Egypten till Assur. Och egyptierna skall tjäna med Assur. På den dagen skall Israel vara den tredje tillsammans med Egypten och Assur till välsignelse mitt i landet. Och Jehovah Zebaoth skall välsigna det och säga — välsignat vare mitt folk Egypten, mina händers verk Assur och mitt arv Israel.

Detta betyder i dess andliga innebörd att vid Herrens ankomst skall insikt, förnuft och ande utgöra ett enda. Insikten skall tjäna förnuftet och båda dessa skall tjäna det andliga. Ty som redan blivit sagt betyder Egypten insikt, Assur förnuft och Israel det andliga. Med ordet ''dagen'' som nämns två gånger, åsyftas Herrens första och andra ankomst.

ENOKS LEXIKON

Man har berättat för mig att den äldsta kyrkans folk som levde före syndafloden, hade en sådan himmelsk ande att de samtalade med himlens änglar. De kunde tala med dem genom att använda korrespondenser (per correspondentias). Deras vishet var sådan att vadhelst de såg på jorden, så tänkte de däröver inte bara naturligt utan också andligt och i förbindelse med himlens änglar.

Man har också berättat att Enok och hans vänner (Genesis 5:21-24) gjorde ett lexikon över de motsvarigheter mellan naturligt och andligt som de uppfattade i änglarnas tal, och överförde denna kunskap till eftervärlden.

Härav kom det sig att vetenskapen om motsvarigheter blomstrade i många av Asiens riken, först och främst i Kanaans land, i Egypten, Assyrien, Kaldeen, Syrien, Arabien, i Tyrus och Sidon och i Nineve. Därifrån överfördes denna vetenskap till Grekland — men där tog den form av olika myter så som man kan konstatera i den äldsta grekiska litteraturen.

ANNORLUNDA ÄR DET

Jag har fått samtala med många avlidna som trodde att de skulle lysa som stjärnor i himlen. De hade nämligen, som de påstod, betraktat Bibeln som helig och ofta läst däri. De hade gjort omfattande utdrag ur den för att bekräfta vissa dogmer som de trodde på, och de åtnjöt stort anseende som lärda män. Därför väntade de att bli som ärkeänglarna Mikael och Rafael.

Flera av dem blev emellertid utfrågade beträffande den kärlek som påverkade dem under läsningen av Bibelordet, och det befanns att några av dem läste utifrån pur egenkärlek, att de skulle äras som auktoriteter i kyrkan, andra läste av kärlek till pengar i hopp om att göra sig en inkomst.

När man undersökte dem beträffande deras Bibelkunskap fann man att de inte kände till en enda genuin sanning men endast förfalskad sanning som i verkligheten är stinkande lögn, ty i himlen stinker den.

Man upplyste dem om att detta var följden av att de hade läst Bibelordet utifrån egenkärlek och världsliga motiv och inte för trons sanning och det goda i livet. Deras intellekt hängde fast vid det egna jaget och vid världen varvid tanken är rent självisk. Människans eget jag — proprium hominis — befinner sig i mörker beträffande allt som gäller himmel och kyrka. I ett sådant tillstånd kan ingen människa av Herren upplyftas till himmelens ljus. Följaktligen kan hon inte ta emot något inflytande från Herren genom himlen.

Jag fick också tillfälle att se sådana personer släppas in i himlen. Men när man där fann dem helt tomma på sanning, blev de utkastade. Trots det förblev de stolta över sina inbillade förtjänster.

Annorlunda är det med dem som läst Bibelordet av kärlek till sanningen för dess egen skull och *därför att det hjälper dem att vara till nytta här i livet,* inte enbart för sig själva utan också för sin nästa. Dessa har jag sett upplyftade till himlen och därmed in i den Gudomliga sanningens ljus och in i änglarnas vishet och lycka.

SCHINEAR

Inte bara en gång men många gånger har jag fått erfara att människan genom Bibelordet kommunicerar med himlen.

När jag läste igenom Bibeln alltifrån första kapitlet hos Jesaja ända till det sista hos Malakias och Davids Psalmer och därvid höll tanken fästad vid textens andliga innebörd, upptäckte jag klart och tydligt hur varje vers står i förbindelse med något samhälle i himlen och hur Ordet i sin helhet kommunicerar med himlen i sin helhet. Av detta framgår att liksom Herren är Ordet så är himlen Ordet — ty himlen är himmel tack vare Herren och Herren är genom Ordet allt hos himlens invånare.

Det finns de som med bestämdhet hävdar att människan utan Ordet kan ha kunskap om Guds existens och även om himmel och helvete och allt annat som Ordet lär.

Eftersom de inte tror på Ordet utan endast på sig själva så kan man inte argumentera med dem utifrån Ordet utan enbart utifrån det naturliga förnuftet.

Undersök nu med förnuftets hjälp och du kommer att finna att människan har två livsviktiga egenskaper, förstånd och vilja; vidare att förståndet är underordnat viljan och inte viljan förståndet. Förståndet endast visar fram det som man av sin vilja önskar göra.

Det förklarar att många som har ett gott förstånd och som

bättre än andra har klart för sig vad moralen kräver av levnadssättet ändå inte lever därefter. Det skulle bli helt annorlunda om deras vilja bejakade moralen.

Gå vidare i din undersökning och du kommer att finna att människans vilja är hennes egoism och att denna egoism alltifrån födelsen är ond och fyller hennes förstånd med lögner.

När du insett detta kommer du att förstå att människan av sig själv inte *vill* veta av någonting annat än vad som hennes viljas egoism föreslår henne, och det är uteslutande sådant som avser henne själv och världen. Skulle hon inte få kunskap från annat håll, så skulle allt utanför jaget och världen vara höljt i dimma.

För att ge ett exempel — om hon ser solen, månen och stjärnorna och då tänker över deras ursprung, skulle hon då kunna tänka annat än att de uppstått av sig själva? Hur skulle hon kunna ha högre tankar än alla de lärda som trots att Ordet lärt dem att Gud är alla tings skapare, ändå hävdar att naturen är upphovet. De skulle ännu ivrigare ha hävdat det om de inte känt till vad som står att läsa i Ordet.

Tror du att antikens filosofer som Aristoteles, Cicero, Seneca och andra, ursprungligen hämtat vad de skrivit om Gud och själens odödlighet ur sitt eget intellekt?

Nej, de fick det från andra, som i sin tur övertagit det från dem som först visste det från det Urgamla Ordet.

Inte heller de som skriver om den naturenliga teologin öser kunskapen ur sig själva. De drar förnuftsmässiga slutsatser av vad de inhämtat från kyrkan som har Ordet.

Det är möjligt att några av dem alls inte tror på vad de själva anser sig ha bevisat.

Jag har träffat på människor som har varit födda på avlägset belägna öar. De var förnuftiga i det politiska men visste ingenting om Gud. I den andliga världen såg de ut som sfinxer.

Men eftersom de var människor med förmåga att ta emot andligt liv blir de undervisade av änglar och livas av kunskapen om Herren som människa.

Vad en människa är i sig själv framgår tydligt av dem som befinner sig i helvetet. Bland dem finns också präster och teologer som inte vill höra talas om Gud och därför inte heller förmår uttala ordet Gud. Jag har sett dem och talat med dem. De blev fullständigt rasande när de hörde någon tala om Herren. Betänk då hur en människa skulle vara som ingenting hört om Gud när de som talat, skrivit och predikat om honom är på detta sätt. Sådana är de på grund av sin vilja som är ond. Och det är viljan som leder intellektet och som lyfter bort den sanning som där kan finnas ifrån Ordet.

Om människan av sig själv hade kunnat veta att det finns en Gud och ett liv efter döden, varför har hon då inte förstått att människan förblir människa efter döden? Varför tror hon att hennes själ eller ande är som vind och eter och att hon inte kan se med ögonen, höra med öronen eller tala med munnen förrän själen är förenad och fastväxt vid sitt kadaver och skelett (cum suo cadavere et cum suo sceleto)?

Tänk dig en lära som kläckts fram enbart av förnuftsljuset — skulle den inte hävda att människan skall dyrka sig själv? Så har ju skett i århundraden. Även idag dyrkas det egna jaget och det av sådana som undervisats från Ordet om att endast Gud skall dyrkas.

Någon annan gudsdyrkan, inte ens dyrkan av sol och måne, kan uppstå utifrån människans jagiskhet.

De som tror att de av eget förstånd kan skaffa sig kunskap om Gud, himmel, helvete och andliga ting, de vet inte att den naturliga människan, betraktad för sig, är diametralt motsatt den andliga människan.

Den naturliga vill tillintetgöra det andliga som kommer

till henne, eller insnärja det i förvillelser som likt maskar förtär rötterna till både grönsaker och spannmål.

Sådana människor kan liknas vid folk som drömmer att de sitter på örnar och förs upp i höjden eller flyger på pegaser över Parnassen till Helikon.

I själva verket är de som luciferiska andar i helvetet vilka fortfarande kallar sig själva Auroras söner, dvs Morgonrodnadens barn.

De påminner också om invånarna i Schinears dal som försökte bygga ett torn, vars spets skulle nå in i himlen. De är lika självsäkra som Goliat och kan inte tänka sig att de skall träffas i pannan av en sten från en slunga och på så sätt kastas till marken.

Jag skall berätta vad som blir deras lott efter döden. Först är de som berusade, sedan tokiga och sist är de sinnesslöa och sitter i mörker.

Må var och en akta sig för ett sådant delirium.

DÖD HÄST

En dag vandrade jag i anden genom olika delar av den andliga världen för att betrakta de framställningar av himmelska ting som där finns att se på många ställen.

I ett hus där änglar vistades såg jag stora säckar fyllda med mängder av silver. Säckarna var öppna och det tycktes mig som vem som helst skulle kunna stjäla silvret. Men bredvid säckarna satt två unga män som vaktade.

Säckarna såg ut att stå i en krubba i ett stall. I kammaren intill syntes blyga jungfrur och en sedesam hustru. Intill kammaren stod två barn, och man sade mig att med dem skulle man inte leka barnsliga lekar utan man skulle bemöta dem med vishet.

Därefter visade sig en hora och en liggande död häst.

Då jag betraktat detta blev jag undervisad om vad det betydde, nämligen Ordets naturliga innebörd vari den andliga innebörden finns.

De stora säckarna fulla med silver betecknade ett överflöd av kunskaper om sanning. Att de var öppna men vaktades av unga män, betecknade att det stod var och en fritt att därifrån hämta kunskaper om det sanna, men att man vaktade över att ingen skulle kränka den andliga innebörden i vilken idel sanning är.

Krubban betecknade andlig föda för intellektet, en häst

som äter ur krubban betyder intellekt.

De blyga jungfrurna som sågs i kammaren betecknade kärlek till det sanna, och den sedesamma hustrun det godas och det sannas förening.

Barnen betecknade vishetens oskuld — ty den högsta himlens änglar som är de visaste, ser på avstånd ut som barn på grund av sin oskuld.

Horan och den döda hästen betecknade det faktum att i våra dagar sanningen förvandlats till lögn, varigenom förståelsen av det sanna går förlorad — horan betecknar sanningens förfalskning och den döda hästen ett intellekt som ingenting fattar av sanningen.

TOLV STATIONER

Här vill jag nu beskriva tillståndet hos dem som av Ordet låtit sig övertygas om falska läror, i synnerhet läran om rättfärdiggörelse genom tron allena. Deras olika tillstånd är i tur och ordning som följer.

1. I allmänhet blir de på nytt levande som andar på tredje dagen efter det att hjärtat upphört att slå. De tycker sig då vara i samma kropp som de hade tidigare på jorden och de inbillar sig vara kvar där. Men deras kropp är nu substansiell och inte materiell trots att den förefaller dem vara materiell.

2. Efter några dagar går det upp för dem att de är i andarnas värld mitt emellan himmel och helvete. Alla otaliga samhällen här är underbart ordnade allt efter deras naturliga böjelser för gott eller ont. De goda samhällena kommunicerar med himlen, de onda med helvetet.

3. Den nyanlände anden eller andliga människan förs in i olika samhällen, både onda och goda, och där examineras vederbörande huruvida han attraheras av det goda och sanna, eller av det onda och falska.

4. Om han sympatiserar med det goda och sanna hämtas han bort från de onda samhällena och förs till de goda. Han får besöka vart och ett av dem tills han finner ett som motsvarar hans egen naturliga böjelse. Där njuter han det

goda som korresponderar med denna böjelse ända till dess att han lagt bort den naturliga böjelsen och anammat den andliga. Då lyfts han upp till himlen — et tunc elevatur in coelum. Men detta sker enbart med dem som i världen levat ett liv i kärlek och tro, dvs som trott på Herren och undflytt det onda som synd.

5. Annat är det med dem som låtit sig förnuftsmässigt övertygas av falska läror, i synnerhet om det skett genom Ordet, och till följd härav levat ett rent naturligt eller ont liv — ty lögn åtföljer ont och ont åtföljer lögn. Eftersom de känner antipati för det goda och sanna men sympati för ondska och lögn förs de bort från de goda samhällena och leds in i de onda ända till dess att de finner ett som korresponderar med deras lustar och deras kärlek.

6. Så länge de vistades i världen gav de sken av att ha böjelser för det goda trots att de invärtes endast hyste onda lustar — därför tillåter man dem att för någon tid behålla det yttre skenet av respektabilitet.

De som i världen innehade ett högre ämbete får nu en liknande position i andarnas värld — de förestår det eller det samhället eller delar av det allt efter omfattningen av deras tidigare ämbete.

Men de har ingen kärlek till vare sig sanning eller rättvisa och man kan inte ens lära dem vad sanning och rättvisa är. Alltså blir de efter några dagar avsatta.

Jag har sett sådana personer erhålla den ena befattningen efter den andra i skilda samhällen men överallt snabbt bli avskedade.

7. Efter att sålunda gång på gång ha blivit avskedade upphör hos dem — antingen av ren trötthet eller av fruktan för dåligt anseende — lusten att söka nya tjänster. De drar sig undan. De sitter där dystra.

De förs nu bort i en ödemark där det finns hyddor som de går in i. Man ger dem arbete. Om de utför det, får de mat. Annars lider de hunger. Till slut tvingar nödvändigheten dem att arbeta.

Maten liknar den mat man får i vår värld, men den har andligt ursprung och ges från himlen av Herren till alla, allt efter den nytta de utför. Åt de lata ges intet, ty de gör ingen nytta.

8. Efter en tid tröttnar de på att arbeta och lämnar då sina hyddor. Har de varit präster, får de nu lust att bygga. Strax uppenbarar sig högar av huggen sten, tegel, bjälkar, plank, vass och säv, lera, kalk och asfalt.

När de får se allt detta ökar deras lust att bygga. De börjar resa ett hus. Än tar de upp en sten, än en timmerstock, än vass eller murbruk. De staplar detta material, det ena på det andra, utan ordning. Men i deras egna ögon ter sig arbetet metodiskt.

Vad de bygger på dagen, faller sönder på natten. Följande dag samlar de ihop de sammanstörtade resterna och börjar från början igen. Och så håller de på tills de tröttnar på arbetet.

Allt detta äger rum som en motsvarighet till deras tidigare vana att ur Ordet samla ställen för att bekräfta irrlärorna i sin tro — dessa byggnadsverk är en konsekvens av deras hantering av Ordet.

9. Därefter grips de såsmåningom av äckel och drar sig undan sysslolösa. Eftersom de inte får något att äta från himlen, så börjar de bli hungriga och tänker bara på hur de skall komma över lite mat och stilla hungern. I detta tillstånd tigger de allmosor av folk som säger till dem: ''Varför sitter ni där och slöar? Kom hem till oss och vi skall ordna arbete åt er och se till att ni får att äta.''

Då blir de glada, stiger upp och följer med hem. Var och en får sitt arbete och bespisas.

Men de som har en lögnaktig tro till övertygelse kan inte göra nytta — de kan bara göra sådant som är till skada, och t o m detta utför de motvilligt och slarvigt. De försummar arbetet. De gillar bara att dra omkring och prata och sedan sova. Och eftersom man inte kan få dem att utföra mer arbete så avskedas de såsom varande till ingen nytta.

10. När de nu mist sina anställningar öppnas deras ögon — de ser en väg som leder till en viss håla. De tar sig dit. Dörren öppnas. De stiger in. De undrar om där finns mat. Och när de fått veta att så är fallet, ber de om lov att få stanna kvar. Vilket också beviljas dem. Varpå dörren stängs bakom dem.

Så kommer föreståndaren för jordkulan och säger till dem:

— Den här platsen kan ni inte längre lämna. Ni ser era kumpaner. Alla arbetar, och mat ges från himlen i proportion till utfört arbete. Jag säger detta för att ni skall veta.

Kamraterna säger till dem:

— Föreståndaren vet vad var och en duger till och fördelar för varje dag arbetsuppgifterna. När arbetet är avslutat får man att äta — i annat fall får man varken mat eller kläder. Om man gör någon av kamraterna illa så slängs man in i ett hörn av jordkulan och får ligga på en bädd av helvetisk aska där man plågas ohyggligt ända till dess att föreståndaren ser något tecken på ånger varvid man släpps ut och får gå tillbaka till arbetet.

11. Han får också veta att var och en efter slutat arbete är fri att gå omkring, prata och sedan sova. Han förs ännu djupare in i jordkulan där det finns skökor. Varje man har rätt att ta en och kalla henne sin kvinna. Men han hotas med straff om han försöker ingå promiskuösa förbindelser.

Helvetet består av sådana jordkulor — de är ingenting annat än industrilokaler för evigheten — aeterna ergastula.

Jag har beviljats tillträde till några av dem i syfte att beskriva dem.

Alla jag mötte föreföll helt likgiltiga. Ingen visste vem han hade varit eller vad han hade gjort i världen. Men ängeln som var med mig pekade ut en tidigare betjänt, en soldat, en domare, en präst, en förnäm person och en rik person. Ändå var det ingen av dem som hade en aning om sitt förflutna. De visste bara att de förr hade varit vad de nu var, nämligen en samling kamrater i samma träldom. Orsaken till denna uppfattning var att de invärtes hade varit lika trots att de i det yttre varit olika. Och i den andliga världen sammanförs alla efter inre likhet.

12. Helvetena består i allmänhet av sådana jordhålor och industrilokaler. Men satanernas lokaler skiljer sig från djävlarnas.

Sataner kallas de som lever i irrläror och i den ondska som härrör därifrån. Djävlar kallas de som lever i ondska och i de lögner som uppstår däri.

I det himmelska ljuset ter sig satanerna blågrå som kadaver —sicut cadavera — eller svarta som mumier — nigri sicut mumia. Men djävlarna ter sig i det himmelska ljuset hemskt glödande eller svarta som sot. Alla är de både till kroppsformer och ansiktsdrag monstruösa.

Men i deras eget ljus — som påminner om det från brinnande kol — ter de sig som människor och inte som monster. Detta utseende har kommit dem till del för att det skall vara möjligt för dem att umgås med varandra.

GURGLINGARNA

En gång hörde jag höga rop. Det lät som om de gurglades fram genom vatten (sicut per aquas egurgitabant) från underjorden.

Till vänster ropade man — leve dessa rättrådiga.

Till höger — leve dessa lärda.

Längre bak — leve dessa upplysta.

Eftersom jag kom i tankar huruvida det i helvetet kunde finnas folk som var rättrådiga, lärda och upplysta, greps jag av lust att se hur det förhöll sig. Från himlen kom en röst som sade:

— Du skall få se och höra.

Jag lämnade mitt hus i anden och såg framför mig en öppning. Jag gick dit och tittade ner. Och se, där var en stege och på den gick jag ner.

Där nere såg jag en slätt bevuxen med buskar, med törnen och brännässlor. Jag frågade om det var helvetet och fick veta att det var underjorden strax ovanför helvetet.

Jag fortsatte i riktning mot ropen. Först kom jag till dem som hyllat de rättrådiga. Jag såg en hel hop sådana som i världen varit korrumperade domare och dömt med hänsynstagande till vänskapsförbindelser och mutor.

Sedan kom jag till dem som hyllat de lärda — och såg en samling resonörer.

Sedan till den tredje gruppen som hyllat de upplysta — och såg en samling sofister som med diverse knep kunde bevisa vad som helst.

Men jag återvände till de förstnämnda som utgjordes av korrumperade domare.

Vid sidan av mig såg jag liksom en amfiteater uppförd i tegel och med taket i svart tegel. Man sade mig att det var deras tribunal. Den hade tre ingångar åt norr och tre åt väster men ingen i söder eller öster — något som utvisade att deras domslut inte var rättvisa men partiska.

Mitt i amfiteatern var en eldstad dit de som skötte brasan kastade furustickor, doppade i svavel och tjära. Eldskenet fladdrade på de rappade väggarna och kom en att se figurer som påminde om fåglar som flyger i skymningen och i nattmörkret. Men eldstaden och det flackande skenet betydde deras godtyckliga domslut.

Efter en halvtimme såg jag gamla och unga män komma in. De var klädda i purpurbrämade mantlar. De avtog sina hattar och tog plats i länstolarna vid borden och övergick till att döma.

Jag lade märke till hur skickligt och hur uppfinningsrikt de gav sina partiska domslut sken av rättvisa. De gjorde det så tveklöst att de själva inte kunde se skillnaden på rätt och orätt — något som tydligt framgick av deras minspel och tonfall.

Jag blev nu upplyst från himlen och kunde se vad som var rätt och orätt i varje enskilt fall. Jag såg hur noga de skylde över orättvisan och gav den sken av rättvisa, hur de utvalde ur lagarna sådant som stödde deras eget intresse, hur de vred saken i fråga så att den överensstämde med detta intresse samtidigt som de förde åt sidan allt annat med behändiga resonemang.

Domsluten delgavs därefter gunstlingar, vänner och

anhängare som återgäldade de favörer de fått genom att ropa lång väg:

— Leve dessa rättrådiga.

Efter detta talade jag med änglar från himlen om dessa domare och berättade vad jag hade sett och hört.

Änglarna sade:

— Inför andra människor framstår dessa domare som begåvade med den allra yppersta intellektuella klarsyn, trots att de inte har de ringaste begrepp om vad rättvisa är och likhet inför lagen. Ty i samma stund man tar ifrån dem deras motiv för att vara partiska, så sitter de som statyer (sicut statuae) och muttrar — "medges. . . instämmer. . ." Ty alla deras domslut bygger på partiskhet och partiskhet följer varje fall från början till slut. De ser bara till sina vänskapsförbindelser. Det som motverkar dessa förbindelser vägrar de att uppta eller upptar och vränger det. Och om de börjar granska den motsatta partens skäl, så invecklar de dem i resonemang precis som ett spindelnät där bytet fångas och förtärs. De har intet begrepp om laglig rätt, såvida den inte passar deras eget intresse. De har blivit utfrågade i detta avseende och befanns oförmögna att se vad lagen påbjöd. Invånarna i din värld kommer att bli förvånade över detta, men säg dem att detta är en sanning som himlens änglar utforskat. Eftersom sådana domare saknar begrepp om rättvisa, betraktar vi i himlen dem inte som människor men som monster — deras huvuden består av partiskhet, bröstet av orättvisa, händer och fötter av sofismer, fotsulorna av rättvisa. Och om rättvisan är besvärande för deras skyddslingar, trampar de den under fötterna. Men nu skall du få se deras verkliga väsen, ty deras slut stundar.

Och se, marken öppnade sig, borden vältes över ända, det ena över det andra, alla uppslukades tillsammans med amfiteatern, de kastades in i hålor och hölls inspärrade.

Man frågade mig:

— Vill du se dem där inne?

Och se, deras ansikten var som polerat stål, kropparna från hals till höft som huggna i sten och klädda i leopardskinn, medan benen och fötterna var som ormar. Jag såg deras lagböcker som de tidigare haft liggande på borden, nu förvandlade till kortlekar. I stället för att döma hade man nu gett dem till sysselsättning att av mönja tillverka smink för att därmed bemåla horors ansikten och göra dem till skönheter.

Sedan jag sett detta, ville jag gå till de två andra grupperna som bestod av resonörer och sofister.

Men man sade till mig:

— Vila en smula. Till följeslagare kommer du att få änglar från det samfund som befinner sig strax ovanför dessa grupper. Genom dem skall ljus ges åt dig från Herren, du skall få se underbara ting.

Efter en stund hörde jag på nytt rop från underjorden.

— Leve dessa lärda.

Jag såg mig omkring, och se, där var änglar från den himmel som befinner sig omedelbart ovanför dem som ropade. Jag talade med dem om dessa och de sade:

— Dessa lärda är de som bara resonerar utan att komma till någon slutsats. Sällan tänker de ''så är det'', i stället ''månne det kan vara så, månne icke heller så. . .'' Därför är de som vindar som blåser förbi, som bark kring träd utan märg, som mandelskal utan kärna, som fruktskal utan fruktkött. Ty deras tänkande är helt bundet vid kroppens sinnen och därför tomt på omdöme. Om deras sinnen inte ger utslag kan de inte komma fram till någon slutsats. Kort sagt — de är rent sinnliga och vi kallar dem resonörer emedan de aldrig uppnår någonting definitivt. De upptar till diskussion allt vad de hör i syfte att börja en ordstrid utan ände. Mest tycker de om att attackera sanningar och dessa sliter de i stycken med sina dispyter. Dessa anse sig vara mer lärda än alla andra i världen.

Då jag hörde detta, bad jag änglarna föra mig till dem. De tog mig till en håla varifrån en trappa ledde ner i underjorden. Vi gick i riktning mot dem som hyllat de lärda. Och se, där var flera hundra som stod och stampade i marken.

Förvånad frågade jag efter orsaken till detta trampande och jag tillade att de ju med fötterna kunde trampa hål i marken.

Änglarna smålogo åt detta och sade:

— Det ser ut som om de står på detta sätt eftersom de aldrig tänker om en sak ''så är det'', utan endast tvista ''om. . . och ifall. . . '' Och så länge deras tanke icke rör sig framåt tycks de trampa och sparka samma jordtorva utan att komma ur fläcken.

Änglarna sade vidare:

— När de kommer hit från livet på jorden och får höra att de är i en annan värld, församlar de sig i hopar på olika platser och frågar var himmel och helvete är någonstans, om Gud finns och i så fall var. Men så snart man har talat om för dem hur det förhåller sig, strax börjar de resonera och disputera i en ordstrid om Guds existens. De gör det eftersom det idag på jorden finns många sådana naturalister som när samtalet faller på religion, gör ämnet till föremål för dispyt. Och denna dispyt slutar sällan med att tron bekräftas, att Gud är till. De slår sig ihop med illasinnade. Ty ingen förmår göra något gott av kärlek till det goda, om icke från Gud.

Man förde mig nu till deras församling och mig föreföll de vara både välklädda och sympatiska. Änglarna sade att så framstår de i sitt eget ljus. Men om ljus faller in från himlen, förändras deras ansikten och kläder.

Så skedde. Och då antog deras ansikten en mörk uppsyn och de såg ut att vara klädda i svarta säckar. Men när ljuset ovanifrån försvann, tedde de sig som tidigare.

Snart kom jag i samspråk med några som stod där och jag sade:

— Jag hörde hur alla omkring er skrek och hyllade de lärda. Tillåt mig därför att samtala med er om några ämnen av högsta lärdom.

De svarade:

— Säg bara vad du behagar och vi skall ge tillfredsställande svar.

Då frågade jag:

— Hur skall den religion vara som frälser människan?

De svarade:

— Vi skall dela upp denna fråga i delfrågor innan vi ger ett slutgiltigt svar. Vår undersökning skall i tur och ordning gälla 1) om religion är någonting över huvud taget; 2) om frälsning finns eller inte; 3) om en religion kan vara mer effektiv än andra; 4) om himmel och helvete existerar; 5) om ett evigt liv finns efter döden; dessutom åtskilliga andra frågor.

Jag frågade vad de tänkte om den första frågan — är religion någonting?

De började ventilera denna fråga med ett otal argument.

Jag bad dem hänskjuta frågan till de församlade och det gemensamma svaret blev, att denna fråga krävde så grundlig utredning att man inte skulle bli färdig före kvällen.

Då frågade jag om ett år skulle räcka. Och en av dem svarade att hundra år inte skulle räcka.

Jag återtog:

— Och under tiden är ni utan religion, och eftersom frälsningen hänger på religionen, så är ni utan idé om vad frälsning är, ni är utan både tro och hopp.

Han svarade:

— Måste det inte först bevisas att det verkligen existerar något sådant som religion och om så är fallet, vad den är? Om religon finns, då måste den gälla även för de bildade, om icke religion finns, då är den enbart för den stora hopen. Religion uppfattas allmänt som ett band — men frågas, för att binda vem? Om enbart för den stora hopen så är den ingenting i sig själv — men binder den bildade personer, då existerar den.

När jag hörde detta, sade jag:

— Ni är allt annat än lärda eftersom ert tänkande bara kan gå i en och samma bana, nämligen ''om det är så. . . om det inte är så'' osv. Hur kan en människa vara lärd om hon inte håller någonting för visst och säkert och sedan steg för steg går vidare tills hon gradvis når vishet. På annat sätt kan sanningen aldrig uppnås, den drar sig bara längre och längre bort. Att enbart resonera om det kan vara så eller så, det är som att resonera om en hatt som ingen provar på sitt huvud eller om en sko som ingen sätter på foten. Och vad blir följden av detta? Att ni inte vet om det överhuvudtaget existerar någonting eller om det är enbart en fantasi. Ni vet inte om frälsning finns, om det finns ett evigt liv efter döden, om en religion är bättre än en annan, om himmel och helvete finns. Ni kan inte tänka något om dessa ting så länge ni står kvar i det första steget och trampar i löparbanan på en och samma fläck utan att sätta ena foten framför den andra och gå vidare. Akta er så att inte ert tänkande — eftersom det saknar omdöme — blir förhårdnat inifrån och förvandlas till saltstoder.

Sedan jag sagt detta gick jag min väg. Fyllda av indignation kastade de stenar efter mig, och då syntes de mig som stenbeläten hos vilka inte finns tillstymmelse till mänskligt förnuft.

Jag frågade änglarna vilket öde som väntade dem. De sade att de galnaste bland dem skickas ner i djupet i en ödemark, där de tvingas bära bördor. Och då pladdrande osammanhängande eftersom de saknar förnuft. På avstånd ser de ut som lastade packåsnor.

Efter detta sade en av änglarna:

— Följ mig till den plats där man hyllade de upplysta. Där kommer du att få se människovidunder — ansikten och kroppar som hos en människa och likväl är de icke människor.

Jag sade:

— Är de då djur?

Han svarade:

— De är inte djur utan djurmänniskor. Ty de är så beskaffade att de inte kan se om det sanna är sant eller inte — samtidigt som de efter behag kan ge vad som helst sken av att vara sanning. Hos oss kallas de sofister.

Vi följde ropen och kom till platsen i fråga. Och se, en samling män och runt omkring dem en hel hop människor och bland dem några av adlig ätt. Då dessa hörde hur allt de sade blev bevisat vara sanning och på så sätt kände sig gynnade, så vände de sig om och ropade:

— Leve dessa upplysta.

Men ängeln sade till mig:

— Låt oss inte gå fram till dem utan låt oss kalla ut en i församlingen.

Vi kallade ut en och drog honom åt sidan och talade om diverse saker varvid han bekräftade allt som sades så att det såg ut som sanning.

Vi frågade om han också som sanning kunde bekräfta det rakt motsatta. Han sade att det kunde han lika bra som han hade bekräftat de tidigare påståendena.

Han sade helt öppet och det kom från hjärtat:

— Vad är sanning? Finns det i tingens natur någon sanning annat än det människan gör till sanning? Säg vad du behagar och jag ska bevisa att det är sant.

Jag sade:

— Bevisa att det är sant att tron är allt i kyrkan.

Han bevisade det så skickligt och behändigt att de lärda

som stod omkring oss fylldes av beundran och applåderade.

Så bad jag honom bevisa att det var sant att kärleken var allt i kyrkan, och det gjorde han. Sedan att kärleken inte var något som hörde kyrkan till och han utvecklade båda satserna och tillförde dem så många skenbara, sanningsliknande utsmyckningar att de kringstående såg på varandra och sade:

— Är detta inte en upplyst och vis man?

Jag sade:

— Vet du inte att människokärlek är att leva ett rätt liv och att tron är att tro rätt? Är det inte så att den som lever rätt också tror rätt och att tron tillhör kärleken och kärleken tron? Ser du inte att detta är sant?

Han svarade:

— Jag skall bevisa för mig att det är sant — då får jag se.

Han gjorde det. Sedan sade han:

— Nu ser jag att det är sant.

Men strax bevisade han att också motsatsen var sann, varpå han sade:

— Jag ser att också detta är sant.

Till detta smålog vi och sade:

— Är inte dessa två varandras motsatser? Hur kan två motsatser bägge se sanna ut?

Indignerad svarade han:

— Ni misstar er. Båda är sanna, ty ingenting är sant annat än det som människan bevisar vara sant.

Bredvid oss stod en som i världen hade varit ambassadör. Han förundrade sig och sade:

— Jag känner igen det där. Något liknande finns i världen — inte desto mindre är du vanvettig. Om du kan, så bevisa då att det är sant att ljus är mörker och mörker ljus?

Han svarade:

— Det är ingen konst. Vad är ljus och mörker annat än ögats tillstånd? Blir inte ljuset till skugga så snart ögat kommer från starkt ljus och människan intensivt riktar ögat mot solen? Vem vet inte att ögats tillstånd då förändras, och att ljuset därför ter sig som skugga, och tvärtom att skuggan ser ut som ljus när ögat återvänder till sitt förra tillstånd? Ser inte ugglan nattens mörker som dagens ljus, och dagens ljus som nattens mörker, och ter sig inte själva solen som ett svart, mörkt klot? Om människan hade samma ögon som nattugglan, vad skulle hon då kalla ljus och mörker? Och vad är då ljus annat än ett ögas tillstånd. Och är det ett ögas tillstånd är då icke ljus mörker och mörker ljus? Därför är det ena sant lika väl som det andra är sant.

Då denna bevisföring förvirrade somliga, sade jag:

— Jag har lagt märke till att denne sofist inte vet att det finns ett sant ljus och ett falskt och smaklöst ljus och att båda dessa ljus ser ut som om de var ljus, men det falska ljuset är i sig inte något ljus utan det är i förhållande till det sanna ljuset ett mörker. Ugglan är i det falska ljuset, ty i dess ögon är begäret att förfölja och förtära fåglar, och detta ljus gör att dess ögon ser om natten, precis som kattorna, vilkas ögon lyser i en källare. I deras ögon finns ett falskt ljus som härrör från begäret att förfölja och förtära råttor. Det är uppenbart att solens ljus är det sanna ljuset och att begärets ljus är ett falskt ljus.

Sedan bad ambassadören sofisten bevisa att korpen är vit och icke svart.

Han svarade:

— Även det är ingen konst för mig. Ta en nål eller en kniv och öppna korpens pennor och fjädrar. Ta sedan bort pennorna och fjädrarna och betrakta korpens skinn. Är han inte vit? Vad är då det svarta runt omkring annat än en skugga av vilken man inte skall döma om korpens färg. Att det svarta endast är en skugga, därom kan du fråga dem som är hemma i den optiska vetenskapen, och de kommer att säga dig det. Eller mal sönder en svart sten eller ett svart glas till fint pulver — så skall du få se att pulvret är vitt.

Men ambassadören svarade:

— Ser inte korpen svart ut för ens ögon?

Men sofisten sade:

— Skall du som är en människa döma efter yttre tecken? Du kan väl av det yttre säga att korpen är svart, men du kan inte tänka det. Du kan av ett yttre fenomen säga att solen går opp och ner, men eftersom du är en människa kan du inte tänka det, ty solen står ju stilla och det är jorden som rör sig. Likadant är det med korpen. Det yttre är bara utanverk. Säg vad du ville, korpen är alldeles vit. Han blir också vit när han blir gammal. Det har jag sett.

Nu såg de kringstående på mig och jag sade därför:

— Det är sant att korpens pennor och fjädrar invändigt närmar sig vitt. Detsamma gäller dess hud. Men detta förekommer inte enbart hos korpar utan hos alla världens fåglar. Och varje människa skiljer fåglarna efter deras skiftande färg. Om det inte var så skulle vi säga om varje fågel att den var vit — något som ju vore absurt och skrattretande.

Sedan frågade ambassadören:

— Kan du bevisa att du är galen?

Han svarade:

— Det kan jag, men jag vill inte. Vem är inte galen?

Sedan bad de honom säga uppriktigt om han skojade eller om han verkligen trodde att ingenting var sant utom det som människan kunde bevisa vara sant. Och han svarade:

— Jag svär att det är vad jag tror.

Därefter blev denne sofist sänd till änglar som skulle undersöka hurdan han var. Efter undersökningen konstaterade de att han icke ägde tillstymmelse till förstånd.

— Allt som är ovanför det rationella hos honom är tillstängt. Endast det som är under det rationella hos honom är öppet. Ovanför det rationella är det andliga ljuset och nedanför är det naturliga ljuset. Och detta senare är hos människan av sådan art att det kan bevisa vad som helst att vara sant. Om det andliga ljuset inte strömmar in i det naturliga ljuset, så ser människan inte om något sant är sant, och inte heller att något falskt är falskt. Att urskilja dessa båda kommer till stånd tack vare det andliga ljuset i det naturliga. Det andliga ljuset är från himmelens Gud som är Herren. Den här sofisten som kan bevisa sanningen i vad som helst är därför inte någon människa, inte heller något djur — han är en djurmänniska.

Jag frågade änglarna vilket öde som väntade sådana som denne, om de kunde vara tillsammans med de levande, då människan har sitt liv tack vare det andliga ljuset — från detta ljus kommer ju även människans förstånd.

De sade att sådana varelser, då de är ensamma inte kan tänka och följaktligen inte heller tala. De står där som stumma automater (sicut automata muti) i djup dvala. De vaknar upp så snart de hör någonting. De tillade att så blir de som invärtes är onda, ty i dem kan det andliga ljuset inte strömma in ovanifrån utan något andligt kan endast förmedlas genom världen — av detta har de fått förmågan att kunna bevisa saker och ting.

När det blivit sagt hörde jag från de änglar som hade undersökt honom en röst som sade:

— Av detta som du nu har hört — gör en allmän slutsats.

Och jag gjorde följande slutsats: att kunna bevisa sanningen i vadhelst man vill, är inte något kännetecken på en intelligent människa men väl att kunna se att det sanna är sant och det falska falskt och att bekräfta att så är fallet, det är kännetecknet på en intelligent människa.

Därefter betraktade jag hopen där sofisterna stod och folket runt omkring ropade:

— Leve dessa upplysta.

Och se, ett mörkt moln svepte in dem och i molnet flög tjutande ugglor och fladdermöss och man sade mig att ugg-

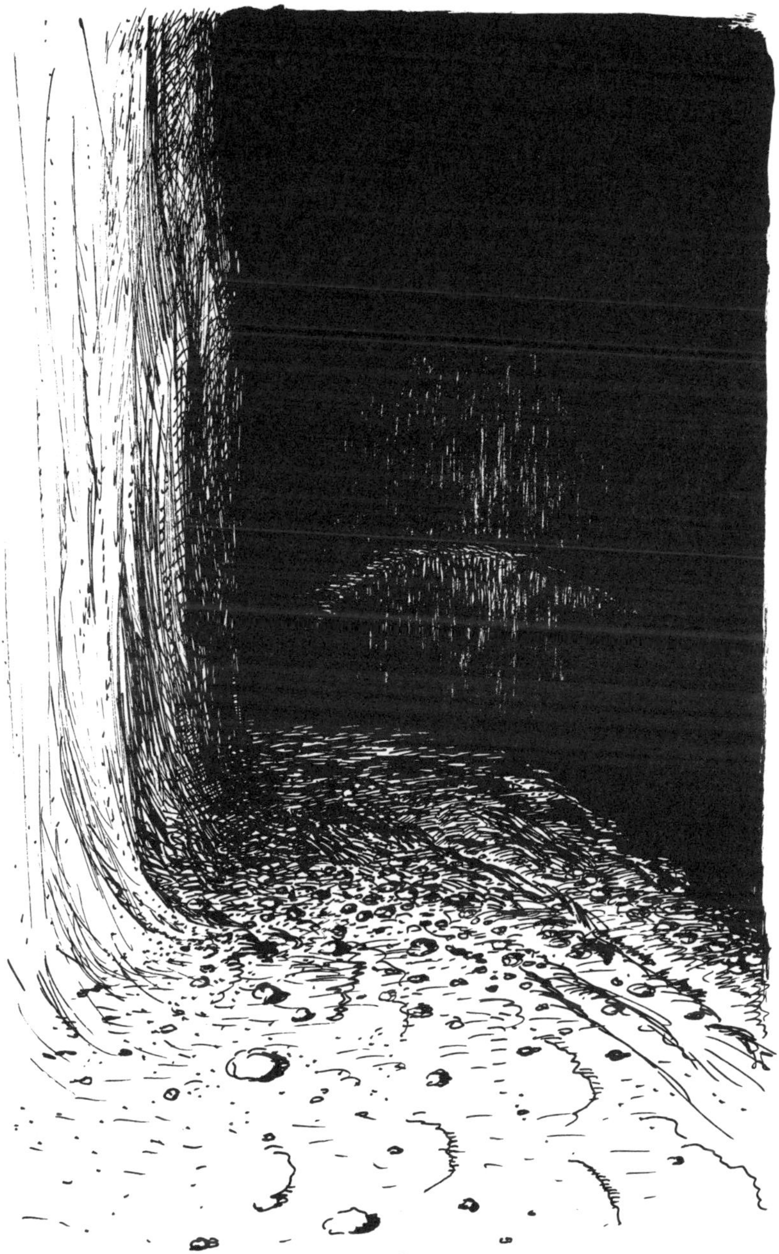

lorna och fladdermössen korresponderade med deras tankar och utgjorde tankarnas motsvarigheter. Ty att bekräfta det som är falskt till den grad att det kommer att se ut som sanning, det framställes i denna värld som nattfåglar vilkas ögon innerst upplyses av falskt ljus, i vars sken de ser objekten i mörkret som om de var i ljus. Ett sådant falskt andligt ljus har de som bekräftar lögner därhän att dessa lögner ser ut som sanningar — och sedan accepteras som sanningar. Alla dessa har sina ögon i ryggen och inte på framsidan.

PENDELN

Det onda är helvetiskt, ty allt ont kommer från helvetet. Tron är himmelsk ty trons sanning kommer från himlen.

Så länge människan befinner sig i världen, hålls hon mitt emellan himmel och helvete och rör sig där i ett andligt jämviktstillstånd vilket är hennes fria vilja.

Helvetet är under hennes fötter och himlen ovanför hennes huvud. Allt som uppstiger från helvetet är idel ondska och lögn. Allt som nedstiger från himlen är godhet och sanning.

En människa som befinner sig mitt emellan dessa två antagonistiska strömningar och i andlig jämvikt, kan fritt välja och ta åt sig och göra till sitt antingen det ena eller det andra. Väljer hon ondskan och lögnen då förbinder hon sig med helvetet, om det goda och sanna då himlen. Härav följer inte endast att det onda är från helvetet och tron från himlen utan också att de två inte kan samsas inom en och samma människa. Ty då skulle människan slitas åt två motsatta håll. Hon skulle vara som en kropp bunden med två rep av vilka ett skulle dra henne uppåt och det andra nedåt varvid hon skulle bli hängande mitt emellan som en pendel i luften. Hon skulle likna en trast som än flyger uppåt än nedåt. Uppåt för att dyrka Gud, nedåt för att dyrka djävulen. Att detta vore absurt framgår av Matteus 6:24.

Ty ingen kan tjäna två herrar, antingen hatar han den ene och älskar den andre.

Där ondskan finns, där finns inte tron — ett faktum som kan illustreras med olika jämförelser. Ondskan är såsom en eld — helvetisk eld är ingenting annat än kärlek till det onda — och förtär tron som halm och förvandlar den till aska. Ondskan bor i mörkret och tron i ljuset. Ondskan utsläcker med hjälp av lögner tron så som mörkret utsläcker ljuset.

Det onda är svart som bläck. Tron är vit som snö och klar som vatten. Det onda svärtar ner tron så som bläck snö eller vatten.

Att förena ondska och tro skulle vara som att blanda avloppsvatten med parfym eller urin med vin. Det skulle vara som att lägga ett ruttnande lik intill en levande människa i en och samma säng. Eller släppa in en varg i en fårfålla, en hök i ett duvslag, en räv i hönshuset.

LATENT FLODÅDER

1. Människans egentliga liv är hennes kärlek. Och sådan kärleken är, sådant är livet. Ja, sådan är hela människan.

Det är den dominerande eller regerande kärleken som gör människan till den hon är. Och denna kärlek har många andra kärlekar som är underordnade och härledda ur den dominerande och som visar sig i skilda former — men alla inkluderas de i den dominerande kärleken och bildar med den ett kungadöme. Den dominerande kärleken är liksom kung och överhuvud. Den styr de andra kärlekarna och nyttjar dem för sitt eget syfte som är A och O. Denna styrning sker både direkt och indirekt.

2. Den härskande kärlekens åtrådda objekt är det som en människa älskar mest av allt. Ty detta är alltid i hennes tanke. Det är i hennes vilja och konstituerar hennes egentliga liv.

Exempel — den som mest älskar rikedom, vare sig det nu är pengar eller egendom, är helt upptagen av tanken på att berika sig. Han gläder sig åt varje vinst. Han sörjer varje förlust. Ty hjärtat är i ägodelarna.

Den som främst älskar sig själv, ser till sitt eget intresse i allt. Han tänker på sig själv. Han talar om sig själv. Han handlar för sitt eget bästa. Hans liv är hans eget jag.

3. Det en människa mest älskar, det är huvudsyftet och

målet för hennes liv. Det är aldrig borta ur hennes tankar, hon ser det i stort som i smått. Det är i hennes vilja som en latent flodåder — sicut latens vena fluvii — som rycker med sig och för henne bort även om hon för tillfället ägnar sig åt annat — ty det är det som ger henne liv. I samma stund man vet en annan människas dominerande kärlek kan man leda och kontrollera henne.

4. Människan är precis så beskaffad som hennes dominerande kärlek är. Den skiljer henne från andra. Den skapar hennes himmel om hon är god och hennes helvete om hon är ond. Denna kärlek är kort sagt hennes vilja, hennes egentliga jag och natur — ty den är hennes livs egentliga vara. Och den kan inte ändras efter döden, ty den är människan själv.

5. Allt som gör människan glad, nöjd och lycklig kommer från hennes förhärskande kärlek och stämmer till art och kvalitet överens med denna kärlek.

Det en människa älskar, det uppfattar hon med sin känsla som något angenämt. Det hon bara tänker på, det kan hon mycket väl kalla angenämt men det ger ingen angenäm smak åt hennes verkliga liv.

Den glädje som hennes kärlek uppväcker, utgör det goda för henne. Allt som fördystrar och berövar henne glädjen, det utgör det onda för henne.

6. Två kärlekar finns och från dem sprudlar liksom från en springkälla allt gott och sant. Så finns det två andra kärlekar och från dem — allt ont och lögnaktigt. De två förstnämnda är kärleken till Herren och kärleken till nästan. De två andra är kärleken till det egna jaget och kärleken till världen. När dessa två sistnämnda har övertaget är de antagonistiska mot de två förstnämnda.

7. Kärleken till Herren och till nästan utgör himmel och kyrka hos människan, ty dessa två kärlekar regerar himlen.

Kärleken till det egna jaget och kärleken till världen rege-

rar i helvetet och utgör därför helvetet hos människan och krossar kyrkan i henne.

8. De två himmelska kärlekarna varur allt gott och sant härrör, de är som sagt himmelska kärlekar och de öppnar och formar människans andliga inre där de tar sin boning. Men de två helvetiska kärlekarna som ger upphov till allt ont och lögnaktigt — om de får övertaget så stänger de människans andliga inre och förkväver det samtidigt som de gör människan animalisk och sinnlig och det i samma grad och utsträckning som de vinner makt och inflytande.

VÅRT FOSTERLAND SKYDDAR MOT OFÖRRÄTTER

Att fosterlandet är vår nästa i högre grad än hemkommunen, det beror på att landet omfattar flera kommuner. Att älska sitt fosterland är att älska samhällelig välfärd — salutem publicam.

Att fosterlandet är vår nästa beror på att det liknar en förälder. Vi föds i vårt land, det ger oss näring, det skyddar oss mot oförrätter.

Människan bör av kärlek göra gott mot sitt land allt efter dess behov, av vilka somliga är naturliga, andra andliga. De naturliga behoven avser fysiska livsvillkor och politisk ordning. De andliga avser det andliga livet och dess ordning.

Att var och en bör älska sitt land mer än sig själv, det är en oskriven lag, präntad i människans hjärta. Därför är också den allmänt omfattade åsikten — som delas av alla rättänkande — att det är ett lysande dåd att dö för sitt land när det hotas av undergång, det är för en soldat ärorikt att spilla sitt blod för att försvara fosterlandet.

Sådan bör fosterlandskärleken vara.

Ni ska veta att de som älskar sitt land och i gärning bevisar sin goda vilja mot det, efter sin död kommer att älska Guds rike, ty då är det detta som är deras fädernesland. Och de som älskar Guds rike, älskar Herren ty Herren är detta rikes universum.

DUPERAD AV EGEN ANSTÄNDIGHET

Hurudan en dålig människa är till sitt inre och hurudan en god är, det framgår av följande korta beskrivning av helvete och himmel, ty den dåliga människan har sitt inre förenat med djävlarna i helvetet och den goda människan med änglarna i himlen.

Helvetet har den sortens kärlek att man där gläder sig åt allt slags ondska, dvs hat, hämnd, mord, plundring, stöld, förtal och hädelse, gudsförnekelse och profanering av Ordet. Allt detta ligger latent i människans lustar, men hon reflekterar inte däröver. Djävlarna däremot är av dessa lustar upptända som flammande tjärstickor. Detta är vad som i Ordet kallas helvetisk eld.

Men himlens glädjeämnen kommer av kärlek till vår nästa och till Gud.

Eftersom helvetets glädjeämnen är rakt motsatta dem som finns i himlen så utbreder sig mellan dessa två ett stort svalg och in i detta sänker sig himmelska glädjeinflytelser uppifrån och stiger helvetiska glädjeinflytelser nedifrån.

Här mitt emellan himmel och helvete befinner sig människan så länge hon lever i världen — och det för att hon skall vara i jämvikt och ha full frihet att hänvända sig antingen till himlen eller till helvetet.

Det är detta mellanrum som åsyftas när det hos Lukas

16:26 talas om ''ett ofantligt svalg'' som skiljer dem som bor i himlen från dem som bor i helvetet.

Av vad som ovan konstaterats ser man vad vänskap och kärlek hos dåliga människor har för kvalitet. Skall man döma av det yttre så visar gester och mimik tecken på vänskap — men det är bara sken, man simulerar anständighet i syfte att lägga ut sina nät och söka få ett tillfälle att tillfredsställa de lustar som brinner i det inre. Endast fruktan för lagen och risken att förlora anseendet håller dem tillbaka och hindrar deras illdåd. Deras vänskap är därför att betrakta som en spindel i sockret, som en huggorm i brödet, som en krokodilunge i honungskakan, som en pytonorm i gräset.

Sådan är dåliga människors vänskap när den riktar sig mot vemsomhelst. Men deras vänskap sinsemellan, när de väl vet att de tillhör samma sort som t ex hos tjuvar, rövare och pirater, är förtrolig och familjär så länge de tillsammans i enighet jagar ett byte. Då tar de omkring varandra som bröder, äter, sjunger och dansar under gemytliga former och konspirerar till andras undergång.

Men — innerst inne betraktar var och en sin kamrat som en fiende. Därför fruktar en slug tjuv sina kamrater.

Av detta förstår man att det bland sådana människor inte existerar någon vänskap utan endast ett invärtes hat.

Var och en som inte öppet anslutit sig till missdådare och själv plundrat sina medmänniskor utan levat anständigt och skenbart fört ett nyttigt liv, men ändå inte tyglat sin inre människas lustar, han kan tro att hans vänskap är av ett helt annat slag än detta inre hat. Men ändå förhåller det sig just på detta sätt — i varierande grad — hos alla dem som förkastar tron och som avvisar kyrkans heliga ting såsom värdelösa för sig själva men passande för gemene man. Om detta har jag blivit övertygad genom en rad exempel i den andliga världen.

Hos några såg jag den helvetiska kärlekens njutningar dolda liksom eld i virke täckt av bark. Hos andra som glödande kol under aska. Hos andra åter som facklor av vax vilka flamma upp så snart de kommer intill elden. Hos andra annorlunda.

Sådan är var människa som ur sitt hjärta stöter bort det som hör religionen till. Hennes inre är i helvetet och så länge hon lever i världen — och då inte vet om detta tillstånd duperad som hon är av sin egen yttre anständighet — så kommer hon inte att erkänna någon som sin nästa utom sig själv och sina barn. Andra människor ser de på antingen med förakt — och då liknar de kattor som lurar på fåglar i sina bon — eller med hat, och då är de som vargar som får syn på hundar och äter upp dem.

Detta har meddelats för att man skall veta hurdan kärleken är i sin motsats.

SKÖLDPADDORNA

Jag betraktade kusten längs havet i den andliga världen och såg en magnifik hamn. Jag begav mig dit för att bese den. Där låg stora och små fartyg med allt slags gods. På däck satt pojkar och flickor och delade ut varor till dem som ville ha.

De sade:

— Här sitter vi och väntar på att få se våra vackra sköldpaddor stiga upp ur havet.

Och se! nu kom stora och små sköldpaddor. På deras ryggar satt sköldpaddeungar och tittade sig omkring ut mot de omgivande öarna.

De gamla sköldpaddorna hade två huvuden, det ena var stort, inneslutet i samma slags skal som var på deras kroppar och som spred ett rödaktigt sken. Det andra huvudet var litet, så som är vanligt hos sköldpaddor, och det drog de tillbaka och gömde inuti det större huvudet.

Jag såg uppmärksamt på det stora rödskimrande huvudet — det hade liksom ett människoansikte och talade med pojkarna och flickorna som satt på däck. De slickade deras händer.

Pojkarna och flickorna klappade dem och gav dem mat och godsaker och även dyrbarheter som siden till kläder, ädelträ till bord, purpur att smycka sig med och scharlakansrött till att sminka sig med.

Jag ville veta vad allt detta betydde. Ty jag visste att i den andliga världen korresponderar varje sak med det som har med böjelse och tanke att göra.

Några änglar talade då till mig från himlen:

— Sköldpaddor betyder präster som stöter bort kärlek och goda gärningar från tron. — När de talar till lekmän döljer de det lilla huvudet inuti det stora som liknar ett människoansikte och då talar de ur Ordet om kärlek och goda gärningar samt om bättring. Men inuti sitt lilla, inre huvud tänker de att allt detta varken har med Gud eller med salighet att göra, utan enbart är till för samhällets och den enskildes bästa. Dock predikar de så milt och sirligt om evangelium och om den Helige Ande att de ger åhörarna intryck av att vara vackra människor, mer begåvade med visdom än alla andra jordinvånare. Det förklarar varför pojkarna och flickorna på däck gav dem godsaker och dyrbarheter. Sådana är dessa som du såg som sköldpaddor. I din värld, på jorden, är det svårt att urskilja dem. Man kan känna igen dem på det att de inbillar sig vara mer visa än alla andra och föraktar andra. Men eftersom ingen efter döden tillåts tala annorlunda än han tänker, så kommer de att uttala sina vanvettiga idéer i den andliga världen. De jagas följaktligen ut från samfunden och störtas ner i avgrundens brunn där de får utseende av Egyptens mumier. En hård hud lägger sig över deras inre därför att de medan de levde i världen satte ett stängsel mellan sin inre och sin yttre människa.

Jag fick se dessa andar drivas bort och nedkastas i avgrunden. Därpå kom det ett skepp med sju segel farande genom luften. Kapten och besättning var klädda i purpur. Deras hattar hade präktiga lagerkransar runt om. De ropade:

— Se! vi är i himlen. Vi är purpurklädda doktorer. Vi är de främste bland Europas prästerskap.

Jag undrade vad detta kunde betyda och man sade mig att de symboliserade de högfärdiga och dåraktiga tankar som utgick från dem jag nyss hade sett som sköldpaddor. De hade som vansinniga blivit fördrivna men nu på nytt samlats i en hop.

Jag ville tala med dem, gick fram till dem, hälsade och sade:

— Är det sant att ni skiljer människans inre från hennes yttre: att ni skiljer tron, som är den Helige Andes verk i människans inre, från hennes samverkan i yttre verk? Om det är så, skiljer ni människan ifrån Gud. Inte nog med att ni gör gemensam sak med andra lärda teologer som avskiljer tron från kärlekens gärningar, dessutom berövar ni människan hennes förmåga att inför Gud manifestera sin tro. Men säg mig — vill ni att jag skall argumentera med hjälp av sunda förnuftet eller med citat från den Heliga Skrift?

De sade:

— Argumentera från det sunda förnuftet i första hand.

Och jag yttrade följande:

— Hur är det möjligt för människans inre att avskiljas från hennes yttre? Alla är ju överens om att tanken använder kroppen till att frambringa dess önskvärda effekter och fullborda en verksamhet. Och existerar inte det inre för det yttres skull så att det kan gå ut i det yttre och äga bestånd där och sålunda vara till liksom en pelare vilar på sin fot? Vem kan förneka att Gud verkar i människans inre genom myriader och åter myriader av aktiviteter som hon själv inte har en aning om. Det tjänar heller ingenting till att veta något om detta. Det räcker att hon känner det yttersta vari hon med sin tanke och vilja samverkar med Gud. Men låt mig ge exempel. — Händerna är det yttersta på människan. Men deras nerver kommer från huvudet, genom halsen, bröstet, skuldrorna, armarna. Det är ett otal muskler, nerver, blodkärl, leder med band och hinnor. Inte vet människan någonting om detta. Ändå bidrar alla delar till händernas rörelser. Antag att de inre delarna inte skulle ha någon förbindelse längre än till handlederna — skulle då inte handen falla av från leden och ruttna bort som en avsliten, livlös del? På samma sätt skulle människans mentala väsen med dess vilja och tanke förintas, ifall de gudomliga aktiviteter som hör till tro och kärlek skulle stanna på halva vägen och inte nå ända ut till människan själv. Då skulle människan inte blott vara som ett djur men som en murken träbit.

Jag fortsatte:

— Om ni nu vill höra på, skall jag citera den Heliga Skrift. Herren säger: ''Bliv kvar hos mig och jag i er. Jag är vinträdet och ni grenarna. Den som förblir i Mig och Jag i honom, han bär mycken frukt.'' Frukt här betyder goda gärningar som Herren gör med människan som verktyg och som människan utför av sig själv från Gud. Vidare säger Herren: ''Jag står vid dörren och klappar och jag går in till den som öppnar och håller aftonvard med honom och han med Mig.'' Herren giver pund och talenter i syfte att människan skall göra vinst med dem och i förhållande till vinsten ger Han evigt liv. Och han ger lön åt var och en efter arbetet i Hans vingård. Utom dessa få ställen skulle man kunna ur Ordet fylla många sidor med ställen som lär att människan skall bära frukt som ett träd, att hon skall handla enligt buden samt älska sin Gud och sin nästa osv. Dock — jag vet att ert eget tänkande strider mot innebörden av dessa citat. Ni kan nog anföra dem, men med era inbillningar perverterar ni dem. Ni kan inte göra annorlunda eftersom ni förnekar all förbindelse mellan Gud och människa. Vad återstår då sedan — om inte formell dyrkan?

Jag såg dem nu i himlens ljus som avslöjar hur var och en är beskaffad. De var inte längre i något fartyg, lagerkrönta och klädda i purpur. De var ute i en sandöken, klädda i trasiga skjortor och nertill i fisknät som blottade deras nakenhet.

De försvann sedan ner till det samhälle som är närmast macchiavellisternas — in confinio ad Machiavellistas.

MAN BEGER SIG TILL DE SINA

Orsaken till att människan är placerad i detta stora svalg som är befäst mellan himmel och helvete, och där ständigt får uppehålla sig i mitten, är att hon må ha sin fria vilja i andliga saker. Ty denna jämvikt är en andlig jämvikt, ty den är mellan himmel och helvete, dvs mellan gott och ont.

Alla som är i detta mellanrum har sitt inre förbundet antingen med änglarna i himmelen eller med helvetets djävlar. I vår tid — antingen med Mikaels änglar eller med drakens änglar — cum angelis draconis.

Efter döden beger sig varje människa till de sina i detta mellanrum och förenar sig med dem som befinner sig i samma kärlek, ty kärleken förbinder var och en med likasinnade och gör att vederbörande kan andas fritt, försatt som han är i samma tillstånd som under sitt tidigare liv.

Men så småningom blir det yttre avskalat i den mån som det inte har motsvarighet i det inre. Och när det har skett upphämtas den gode till himlen och den dålige kastar sig själv ner i helvetet. Var och en beger sig till sådana som han eller hon harmonierar med i avseende på dominerande kärlek.

LUCIFER

En gång talade jag med änglar om den lust till det onda som varje människa har alltifrån födelsen. En av dem sade:

— I vår värld framstår de som behärskas av onda lustar som fåniga och inskränkta men själva tycker de att de är högst förnuftiga. För att övertyga dem om deras fånighet, återställer man deras förnuft som hos dem endast är någonting yttre. Därvid inser de sin dumhet och erkänner den men har ändå längtan efter att återvända till sina lustar. De går tillbaka dit för att undslippa tvång och få känna frihet och glädje. I sitt inre har de sin glädje i onda lustar, men inte i förnuft.

— Det finns, fortsatte ängeln, tre allmänna slag av kärlek som varje människa är sammansatt av från födelsen. Det är den andliga kärleken till nästan som innebär kärlek till att göra nytta. Det är kärlek till världen som yppar sig i kärlek till ägodelar. Det är kärlek till kroppen, till det egna jaget, som yppar sig i kärleken till att härska över andra. Människan är i sanning människa när kärleken till nästan utgör hennes huvud, kärleken till världen hennes bröst och bål, kärleken till egna jaget fötterna. Men om kärleken till världen utgör hennes huvud har hon utseendet av en puckelrygg. Om kärleken till det egna jaget utgör hennes huvud, då ser hon ut som om hon stod på händerna, med huvudet nedåt och skinkorna i vädret. När kärleken till att göra nytta bildar huvudet och de två andra slagen av kärlek kropp och fötter, då framstår människan för änglarna med ett änglalikt ansikte och en skön regnbåge runt huvudet. Men om kärleken till världen bildar huvud, då visar hon sig med ett blekt, kadaveraktigt ansikte med en gul cirkel kring huvudet. Om kärleken till det egna jaget bildar huvudet, då syns hon med ett rödflammigt, gråsvart ansikte och har en vit cirkel kring huvudet.

Jag frågade vad dessa cirklar betydde. De svarade:

— Intelligens. Den vita glorian betyder yttre intelligens hos en som i sitt inre är vanvettig. Han är intelligent kroppsligt, men vanvettig andligt. Ty ingen är andligt intelligent som inte återskapats av Herren.

Knappt hade de sagt detta så öppnades jorden till vänster. Genom öppningen såg jag en djävul uppstiga med rödflammigt, gråsvart ansikte och med en vit gloria kring huvudet. Jag frågade honom:

— Vem är du?

Han svarade:

— Jag är Lucifer, morgonrodnadens son. Men eftersom jag gjorde mig lik den allra Högste blev jag nedkastad, så som står skrivet i Jesaja, kapitel 14.

Men inte var han någon Lucifer. Han bara inbillade sig.

Jag sade:

— Om du blev nedkastad, hur kan det komma sig att du kan uppstiga ur helvetet?

Han svarade:

— Där nere är jag djävul, men här uppe ljusets ängel. Ser du inte den vita glorian kring mitt huvud? Om du vill skall du få se att jag kan vara moralisk bland de moraliska, förnuftig bland de förnuftiga, ja rent av andlig bland andliga. Jag har även varit predikant.

— Hur har du predikat? frågade jag.

— Jag har predikat mot bedragare, sade han, mot horkarlar, mot alla helvetiska lustar. Då jag predikade kallade jag mig själv för djävul och utstötte förbannelser mot mig själv. För detta blev jag höjd till skyarna. Därför blev jag kallad morgonrodnadens son. Och det konstiga var att när jag stod i predikstolen tyckte jag att jag sade det som var rätt och riktigt. Men jag blev sedan upplyst om att jag då var i mitt yttre, helt skild från mina inre tänkesätt. Detta kunde dock inte ändra på mig ty jag upphöjde mig över den Allra Högste och uppreste mig mot Honom.

Jag frågade:

— Hur kunde du predika på detta sätt, du som själv är en bedragare och en horkarl?

Han svarade:

— Jag är *en* person när jag är i det yttre, i kroppen, och en helt annan när jag är i mitt inre, i anden. I kroppen är jag en ängel, i anden en djävul (in corpore sum angelus, sed in spiritu diabolus), ty i kroppen är jag i mitt förstånd men i anden är jag i min vilja. Förståndet drar mig uppåt men viljan drar mig nedåt. Då jag är i mitt förstånd omger en vit gloria mitt huvud. Men då förståndet hänger sig åt viljan och blir viljans träl — vilket är vår sista lott — då svartnar glorian och försvinner och då kan jag inte längre uppstiga i detta ljus.

Då han nu plötsligt upptäckte änglar hos mig, blev hans ansikte rött av raseri, stämman blev skrikig, glorian svartnade och han stupade ner till helvetet genom samma öppning där han kommit upp.

De omkring mig som sett och hört detta, drog den slutsatsen att människan är sådan hennes vilja är och ej sådan som hennes förstånd gör henne till, ty viljan drar lätt förståndet över på sin sida och behärskar det.

Jag frågade änglarna varifrån djävlarna får sitt förstånd, och de sade:

— Från den ära som omger kärleken till det egna jaget. Den äran får sin glans av egenkärlekens eld och denna ära upplyfter förståndet nästan till himlens ljus. Förståndet kan hos varje människa upplyftas i mån av kunskaper, men viljan kan bara upplyftas genom ett leverne efter kyrkans och förnuftets sanningar. Så kommer det sig att gudsförnekarna som i sin egenkärlek söker ryktbarhet och intelligensens överlägsenhet besitter ett förnuft som ofta är djärvare än hos andra. Men detta gäller endast så länge de är i intellektets tänkande — inte då de är i viljans kärlek. Viljans kärlek har sin boning i den inre människan, men intellektets tänkande i den yttre.

Ängeln sade vidare:

— Orsaken till att människan är sammansatt av tre slags kärlek, nämligen kärlek till nytta, kärlek till världen och kärlek till det egna jaget är den, att hon skall tänka från Gud men till synes från sig själv.

Han sade att människans högsta mentala region är vänd upp mot Gud, den mellersta ut mot världen och den lägsta mot kroppen — då detta är riktat nedåt tycks människan tänka från sig själv, trots att ingivelserna i verkligheten kommer från Gud.

PARFYMERAT RÅTTSKINN

Vilken gudfruktig och förnuftig människa önskar inte veta sitt öde efter döden? Därför skall jag ge en kort redogörelse så att man får veta det.

Varje människa blir efter sin död upplyst om att ovanför henne är himlen med evig lycksalighet och under henne helvetet med dess eviga plågor. Till en början lever hon till det yttre på samma sätt som i den förra världen. Hon tror då att hon säkert skall få komma till himlen och talar och handlar förnuftigt.

Några säger — vi har levat moraliskt oklanderligt, fört en hederlig vandel, aldrig uppsåtligt gjort något ont.

Andra säger — vi har gått i kyrkan, hört mässor, kysst helgonbilder, på knä bett våra böner.

Andra återigen säger — vi gav åt de fattiga, vi hjälpte behövande, vi har läst andaktsböcker och även Ordet.

När detta blivit sagt står änglar ibland dem och säger:

— Allt detta som ni berättat, det har ni gjort i det yttre, men hur ni är i ert inre, det vet ni inte än. Numera är ni andar i en substansiell kropp och anden är er inre människa. Det är anden som i er tänker det han vill tänka och vill det som han älskar och som är hans livs glädje. Som barn börjar människan sitt liv från det yttre, härmande, och lär sig att handla moraliskt och tala förnuftigt. Och då hon

fått ett begrepp om himlen och dess salighet börjar hon att bedja, hon besöker kyrkor och firar gudstjänsten. Men icke desto mindre gömmer hon det onda, så snart det väller fram ur sin naturliga källa, i ett veck i sitt mentala inre. Hon insveper det uppfinningsrikt med lögnaktiga förnuftsslut och det till den grad att hon själv inte längre vet att det onda är ont. Och när det onda så är insvept och övertäckt så tänker hon inte längre på det utan hon bara aktar sig noga så att det inte blir uppdagat inför världen. Hon bemödar sig endast om ett moraliskt liv i det yttre och blir på så sätt en dubbel människa, ett får i det yttre, en varg i det inre. Hon liknar en gulddosa som innehåller gift. Eller en som har dålig andedräkt men tuggar på välluktande kryddor för att de kringstående ingenting skall märka. Eller hon liknar ett parfymerat råttskinn. Ni säger att ni levat moraliskt rätt och att ni ägnat er åt andaktsövningar — men får jag fråga: har ni någonsin rannsakat er inre människa? Har ni märkt hos er lust att hämnas, ja ända till mord? Vara lösaktig ända till äktenskapsbrott? Lura någon ända till att begå stöld? Ljuga ända till att begå mened? I fyra av Guds tio bud står det — sådant skall du icke göra! och i de två sista — sådant skall du ej begära. Om ni inbillar er att er inre människa är lika oskuldsfull som er yttre, då tar ni grundligt fel.

Men de svarade på detta:

— Vad vill det säga? Inre människa? Är inte den inre och den yttre en och densamma?

Änglarna sade:

— Kärleken är i det inre, moralen i det yttre. Men om onda lustar blir kvar i den inre människan och således är i viljan och tanken, och ni i ert inre älskar dessa lustar men i det yttre handlar och talar annorlunda, då är ni som listiga apor som härmar människors handlingar medan deras håg står till det aplika. Men hur det står till med er inre människa, om det vet ni ingenting eftersom ni aldrig rannsakat er själva och följaktligen inte heller gjort bättring. Men — om någon tid kommer ni att få se. Ni kommer att avklädas den yttre människan och kvarstå endast i den inre. När detta sker kommer ni inte längre att kunna kännas igen av era kamrater, inte heller av er själva. Jag har sett sådana som utvärtes var moraliska men invärtes onda bli som vilddjur. De betraktade sin nästa med av mordiskt hat brinnande ögon och de hädade Gud som de i sin yttre människa hade tillbett.

När de hörde detta, drog de sig tillbaka. Änglarna sade till dem:

— Inom kort skall den yttre människan tagas ifrån er och ni skall vara i den inre, som är er ande. Då kommer ni att få se vilket öde som väntar er.

BALSAMISKA LATRINER

All kärlek hos människan andas glädje. Den känns först i anden och sprider sig därifrån in i kroppen. Människans kärleksglädje utgör tillsammans med tankens behag hennes liv.

Så länge människan är i sin naturliga kropp känner hon denna glädje och detta behag blott dunkelt, ty kroppen absorberar och försvagar effekten. Men efter döden då den materiella kroppen blivit avlagd och andens omhölje är undanröjt, då känns fullt ut hennes kärleks glädje och hennes tankes behaglighet och — vad som är märkligt — de uppfattas emellanåt som olika slags lukter. Det hänger samman med att alla i den andliga världen ordnas i samfund allt efter sina olika slag av kärlek. I himlen förvandlas kärleksglädjen till dofter, välluktande och ljuvliga så som de förekommer i trädgårdar, blomsterängar, åkrar och skogar en vårmorgon. Men kärleksglädjen hos dem som är i helvetet uppfattas som os och stank liknande den lukt som kommer från latriner och från kadaver och från gödselhögar, men — vad som är märkligt — djävlarna och satanerna uppfattar denna stank som balsamisk doft, som välluktande kryddor, som vederkvicker deras näsborrar och hjärtan.

I den naturliga världen sluter sig djur, fåglar och maskar till varandra allt efter den lukt de sprider — men människan kan inte det förrän hon avlagt sin materiella kropp.

Himlen är definitivt ordnad efter alla olika slag av kärlek till det goda. Det är en motsats mellan himmel och helvete som gör att där finns mellan dessa två ett svalg — ty de som är i himlen tål inte lukten från helvetet, den väcker äckel och ger upphov till kräkningar och svimningar om de andas in den. Samma sak drabbar helvetets invånare om de överstiger detta svalg och andas in himlens vällukt.

En gång såg jag på långt håll en djävul som såg ut som en panter. Några dagar tidigare hade jag sett honom bland änglar i den lägsta himlen — ty han hade förmågan att förställa sig till en ljusets ängel. Nu gick han över gränslinjen och stod mellan två olivträd utan att känna någon för honom besvärande lukt. Orsaken var att där just då inte fanns några änglar. Men så snart de kom dit, fick han krampryckningar, han föll ihop och syntes som en stor orm som slingrade sig tillbaka till de sina. Han fördes in i en håla dar han av den stinkande lukten från sin kärleks lustar kom till liv igen.

En gång såg jag en satan straffas av de sina. Jag frågade efter anledningen. Man sade då att han med igenstoppade näsborrar hade närmat sig dem som var i himlens lukt och att han sedan kom tillbaka och då i kläderna medförde denna lukt.

Några gånger har det hänt att en stank som av as inträngt i min näsa från någon helveteshåla och gett upphov till kräkningar.

SUMMAN AV ALLT LIV

En gång talade jag med en nyanländ ande, en novis, som medan han ännu var på jorden hade tänkt mycket över himmel och helvete. Med nyanlända andar menas nyligen avlidna människor som kallas andar emedan de då är andliga människor.

Så snart han kom till den andliga världen började han på nytt tänka över himmel och helvete. Han kände sig glad när han tänkte på himlen, men olycklig när han tänkte på helvetet.

Då han märkte att han var i den andliga världen frågade han genast var himlen var och helvetet, och hur de var beskaffade, och han fick till svar:

— Himlen är ovanför huvudet ditt och helvetet under dina fötter, ty nu är du i andevärlden som är belägen mitt emellan himmel och helvete. Vad himmel och helvete egentligen är, det kan inte sägas i några få ord.

Eftersom han längtade efter att få veta, kastade han sig på knä och bad innerligt till Gud om undervisning. Och se! en ängel visade sig intill hans högra sida och hjälpte honom upp och sade:

— Du har bett om att få bli undervisad om himmel och helvete. Undersök då och lär dig vad glädje är och du kommer att få veta vad himmel och helvete är och hurudana.

När ängeln hade talat försvann han. Den nyanlände anden sade för sig själv:

— Vad vill detta säga? Ta reda på vad glädje är och du skall veta vad himmel och helvete är?

Nu strövade han omkring och frågade dem han mötte:

— Var vänlig och säg mig vad glädje är.

Några svarade:

— Vilken besynnerlig fråga. Vem vet inte vad glädje är? Är det inte fröjd och nöje? Glädje är glädje, det ena lika väl som det andra. Vi vet ingen skillnad.

Andra sade:

— Glädje är tankens leende. Då tanken ler strålar ansiktet, man talar skämtsamt, man rör sig lätt, människan är glad och nöjd.

Några sade:

— Glädje är att äta gott, dricka gott och berusas av utsökta viner och därvid samspråka om diverse saker, i synnerhet om erotiska lekar.

När den nyanlände anden hörde detta, sade han förargat:

— Dessa svar är tölpaktiga. Glädje av det slaget har ingenting med himmel och helvete att göra. Om jag ändå fick träffa på några insiktsfulla.

Då blev en änglaande uppmärksam på honom och sade:

— Jag märker att du längtar efter att få veta vad himlen är i sin helhet och vad helvetet — och eftersom det är *glädje* så skall jag föra dig till en kulle och där möts varje dag sådana andar som efterforskar verkningar, orsaker och ändamål. De kallas vetenskapsandar eller abstrakt vetenskaper, intelligensandar eller intelligenser, vishetsandar eller visheter. Rakt ovanför dem bor änglar som utifrån ändamål ser orsaker och utifrån orsaker verkningar, och från dessa änglar får de tre slagen av andar sin upplysning.

Därpå tog han den nyanlände anden vid handen och förde honom upp på kullen, till den grupp som utröner ändamål och som kallas visheter. . .

Den nyanlände anden sade till dem:

— Var vänliga och säg mig vad glädje är.

Härtill svarade visheterna:

— Glädje är summan av liv för alla i himlen och summan av liv för alla i helvetet. De som är i himlen har sin glädje av det goda och det sanna. De som är i helvetet har sin glädje i det onda och det falska. All glädje kommer av kärlek. Och kärlek är människans själva livs-vara (amor est Esse vitae hominis). Liksom människa är människa allt efter sin kärleks kvalitet så är hon följaktligen också människa allt efter kvaliteten på sin glädje. Det är nämligen kärlekens aktiviteter som frambringar känslan av glädje och dess aktivitet i himlen sker med vishet — men i helvetet med vanvett. Dock skänker bägge aktiviteterna glädje åt dem som ägnar sig däråt. Men himlar och helveten har motsatta slag av glädje. Himlarna befinner sig och lever i kärleken till det goda och i den glädje som uppstår ur att göra gott. Men helvetena lever i kärlek till det onda och i den glädje som uppstår av att göra ont. I samma stund du vet vad glädje är, så kan du också veta vad himmel och helvete är och hurudana. Men forska vidare och lär av dem som undersöker orsaker och kallas intelligenser. De vistas till höger om oss.

Han begav sig dit, nämnde anledningen till sin ankomst och bad att de skulle undervisa honom om vad glädje är.

De gladde sig åt frågan och yttrade:

— Det är sant att den som vet vad glädje är också vet vad himmel och helvete är. Viljan är det som gör människan till människa och viljan rör sig icke en hårsmån utan glädje. Ty viljan är i sig ingenting annat än en viss böjelse, en viss kärlek, dvs en glädje. Det är lust och välbehag som gör att man vill och eftersom viljan driver förståndet till att tänka så finns inte den ringaste tanke utan att den är ett resultat av viljan och dess glädje. Det är Herren som genom inflytelse från sig själv sätter allt i själen och i tankeförmågan i rörelse hos änglar, andar och människor. Han gör det genom att ingjuta kärlek och visdom och denna inflytelse är det som ger upphov till all glädje. Glädjen kallas i sitt ursprung sällhet, lycksalighet, lycka och i sina avledningar nöje, ljuvhet och lust samt i allmän mening gott. Men andarna i helvetet förvänder hos sig allting till dess motsats, således gott till ont och sant till falskt, samtidigt som glädjen hela tiden består, ty om glädjen inte bestod skulle de varken ha någon vilja eller någon känsla och följaktligen inte heller något liv. Härav framgår nu tydligt vad glädjen i helvetet är samt varifrån den härrör. Likaså vad himlens glädje är och varifrån den härrör.

När den nyanlände anden hört detta förde man honom till den tredje gruppen där vetenskapsandarna som undersökte verkningar höll till.

De sade till honom:

— Stig ner till den nedre jorden och upp till den övre så får du känna glädjen i himlen och glädjen i helvetet.

Men se! då rämnade jorden ett stycke ifrån dem och genom öppningen uppsteg tre djävlar, till synes upptända av lust. Änglarna som var i sällskap med den nyanlände anden förstod att de tre djävlarna av Försynen fått tillåtelse att komma upp från helvetet. De ropade till dem:

— Kom inte närmare. Utan säg där ni står något om det som skänker er glädje.

De svarade då:

— Ni skall veta att var och en, han må nu kallas god eller ond, är i sin glädje. Den så kallade gode i sin glädje. Den så kallade onde i sin.

Änglarna frågade:

— Vari består er glädje?

Djävlarna svarade:

— Den består i att bedriva hor, hämnas, bedraga och häda.

Änglarna frågade:

— Hur ter sig dessa nöjen för er?

De svarade:

— Andra uppfattar dem som stinkande tarmuttömningar och som lukten från as och från rutten urin.

Änglarna frågade:

— Och sådana ting är till glädje för er?

— Ja, svarade djävlarna, till stor glädje för oss.

— Men då är ni, sade änglarna, som orena djur som lever i sådan skit?

— Om vi är det, så är vi, ty sådana saker är ljuvliga för våra näsborrar.

Änglarna frågade vidare:

— Kan ni berätta mer om era nöjen?

— Ja, sade djävlarna, var och en av oss har tillåtelse att ägna sig åt det som ger honom glädje även om det råkar vara sådant man kallar perversiteter bara han inte ofredar goda andar och änglar. Men eftersom vi har vår glädje däri så kan vi inte annat än ofreda dem — varvid man stänger in oss i anstalter för tvångsarbete där vi lider svårt. När man på så sätt förhindrar eller inskränker våra nöjen, då lider vi helvetets kval.

Då änglarna frågade dem varför de ofredar de goda, svarade de:

— Vi kan inte göra annat. Det är som om vi greps av ett ursinne så snart vi ser en ängel och känner Herrens Gudomliga sfär som omger honom.

Då sade vi:

— Ni är alltså som vilda djur.

När nu djävlarna såg den nyanlände anden tillsammans med änglarna greps de av raseri, raseriet flammade omkring dem som en eld av brinnande hat. För att hindra dem från att angripa någon, blev de kastade tillbaka ner i helvetet.

Sedan visade sig änglar som utifrån ändamål ser orsaker, utifrån orsaker verkningar — de bodde i himlen ovanför de tre andegrupperna. De sänkte sig i ett vitglänsande ljus ned, i spiralkurvor och hade med sig en krans av blommor som de satte på huvudet på den nyanlände anden. Och en röst från himlen sade:

— Denna krans tillkommer dig därför att du allt ifrån barndomen tänkt mycket över himmel och helvete.

EN MINIATYR

Allt sedan födseln har människan böjelse för allt slags ont och så långt hon har möjlighet därtill så ger hon sig hän åt sina onda lustar. Ty allt ifrån födseln vill hon dominera över andra och äga andras egendom. Dessa två lustar river sönder kärleken till hennes nästa så att hon hatar var och en som opponerar sig mot henne, ur detta hat växer hämndlystnad som i hennes inre syftar till mord.

Av samma skäl anser hon hor och bedrägeri och hädelser, hemlig stöld och falska vittnesbörd för att vara ett ingenting. Men den som anser sådant vara ett ingenting, han är i sitt hjärta gudlös.

Sådan är människan från födseln. Hon är följaktligen en miniatyr av helvetet.

I motsats till djuren är dock människan till sitt inre född andlig och därför destinerad till himlen. Men hennes naturliga eller yttre varelse utgör som sagt en miniatyr av helvetet. Därav följer att himmelen inte kan inplanteras i helvetet om detta sistnämnda inte först undanskaffas.

EXAMINATORN

I andevärlden som är mitt emellan himmel och helvete förbereds alla som vill till himlen. De suckar och längtar. Och när den bestämda tiden har gått öppnas deras ögon och de ser då en väg som leder till något samfund i himlen. De beger sig uppför denna väg.

Vid ingången är en väktare som öppnar porten och låter dem gå in. Då möter de en examinator som hälsar från styresmannen att de skall gå längre in och se om de kan hitta något hus som de kan känna som sitt eget. Ty för varje nyanländ ängel finns ett nytt hus. Och när han funnit det, anmäler han det och stannar kvar. Men de som inte kan hitta något, de går tillbaka och anmäler att där inte fanns något för dem.

Då examinerar en vis ängel dem där för att se om det ljus som är i dem stämmer överens med ljuset i just detta samfund och vidare om deras värme stämmer överens med värmen i samfundet. Himlens ljus är i sitt väsen gudomlig sanning. Himlens värme är i sitt väsen gudomlig godhet. Bådadera utgår från Herren som är himlens sol.

Om nu ett annat ljus och en annan värme, dvs om ett annat sant och gott, finns i dem än det som råder i samfundet, så tas de inte emot utan de vandrar vidare på vägar som är öppna mellan de himmelska samfunden och detta ända tills de finner det samfund som helt överensstämmer med deras böjelser och där blir deras boning för evigt. Där är de bland de sina, liksom bland vänner och anhöriga som de av hjärtat älskar eftersom de har samma böjelser. Där lever de i lycksalighet och i kärleksglädje. I himlens värme och ljus är en outsäglig ljuvhet som meddelas åt alla.

Så sker med dem som blir änglar.

Helt annorlunda går det för dem som är i ondska och lögn. Även sådana få tillstånd att stiga upp till himlen men när de väl kommit dit får de svårt att andas, deras syn fördunklas, de blir omtöcknade, de kan inte tänka. Det är som om döden hängde över dem. De står där paralyserade. Sedan börjar hjärtat slå häftigt, bröstet pressas ihop, de grips av ångest. I detta tillstånd vrider de sig som ormar. De vältrar sig ner från himlen. De kastar sig ner genom ett bråddjup som öppnar sig — de stannar inte förrän de är nere i helvetet hos sina likar. Där kan de andas ut. Där slår deras hjärtan fritt. Därefter hatar de himlen. De förkastar sanningen. De hädar Herren av hela sitt hjärta därför att de tror att deras plågor i himlen härrörde från Honom.

Av ovanstående kan man se vilken lott som drabbar dem som föraktar trons sanningar — dessa sanningar som utgör det ljus vari himlens änglar leva — och som föraktar kärlekens goda — detta goda som utgör den livets värme vari himlens änglar leva.

Vidare ser man vilken missuppfattning det är att var och en skulle njuta himmelsk lycksalighet bara vederbörande släpptes in i himlen.

DET SUPEREMINENTA

Ingenting ont belastar en människa bara för att hon har tänkt det. Hon är skapad att kunna förstå och tänka antingen gott eller ont, det goda från Herren, det onda från helvetet. Hon befinner sig mitt emellan dessa två och har förmåga att välja antingen det ena eller det andra — ty i andliga ting är hon fri.

Eftersom hon har fritt val så kan hon vilja eller icke vilja och det hon vill det tas emot av viljan och belastar människan, men det hon icke vill, det tas inte emot och belastar henne inte.

Allt det onda som hon från sin födelse har en böjelse för, det finns ingraverat i viljan hos hennes naturliga människa och i den mån hon aktualiserar det, så flyter det in i hennes tankar. Likaså inflyter det goda och sanna i hennes tankar ovanifrån, från Herren. Så vägs mot varandra ont och gott som vikter i en balansvåg.

Om människan då väljer det onda så tas det emot av hennes gamla vilja och läggs till förrådet. Men om hon väljer det goda med det sanna, då formar Herren en ny vilja och ett nytt intellekt ovanför den gamla. Där inplanterar Herren successivt genom sanningarna det nya goda, och därigenom underkuvar Han det onda som befinner sig längre ner, undanröjer det och upprättar ordning i allt.

Av detta kan man förstå att tanken har en renande och utrensande — purifierande och exkretorisk — funktion varigenom det ärftligt onda avskiljes.

Skulle det onda som människan tänker belasta henne, då skulle hennes bättring och pånyttfödelse omöjliggöras.

I den andliga världens högt belägna nordöstra kvarter finns skolor för barn, ungdomar, medelålders och äldre. Alla som dött i barndomen och undervisas i himlen skickas hit. Likaså alla nykomlingar från världen som vill få kunskap om himmel och helvete.

Den här trakten ligger österut så att alla skall bli undervisade genom inflytelser från Herren. Ty Herren är Östern — Dominus est Oriens —, han befinner sig i själva solen där som utgörs av pur kärlek från honom. Värmen i denna sol är i sin essens kärlek och dess ljus är i sin essens vishet. Genom denna sol låter Herren i dem inflyta kärlek och vishet, allt i proportion till deras längtan efter att bli visa.

De som nu blivit intelligenta skickas ut efter skoltidens slut — de kallas Herrens lärjungar. Först skickas de västerut. De som inte stannar kvar där fortsätter söderut. Några av dessa vidare österut. Här introduceras de i samhällen där deras boningar skall vara.

En gång då jag mediterade över himmel och helvete önskade jag få en universell bild av tillståndet i dessa två — eftersom det universella rymmer enskildheterna liksom helheten delarna.

Med denna önskan blickade jag åt trakten i nordöst där skolorna ligger. Jag upptäckte en stig som ledde åt det hållet, följde den och kom fram till ett kollegium för unga män.

Jag vände mig till lärarna och frågade om de hade kunskap om huvudprinciperna för himlen och helvetet.

De svarade:

— Vi vet något litet, men om vi vänder blickarna åt öster, mot Herren, får vi upplysning.

Så gjorde de och sade:

— Beträffande helvetet finns det tre huvudprinciper som är diametralt motsatta dem som gäller för himlen. I helvetet kommer kärleken till makt — dvs härsklystnaden — från egenkärlek, kärleken till pengar — dvs vinningslystnaden — från kärlek till världen och för det tredje finns horeriets kärlek. I himlen kommer kärleken till makt från kärleken till att göra nytta, kärleken till ägande kommer också den från kärleken till att göra nytta, slutligen finns där äktenskaplig kärlek.

När de hade sagt detta tackade jag dem och återvände hem.

Väl hemma kom en röst till mig från himlen:

— Undersök dessa tre universella kärlekar som finns i himlen och i helvetet, och vi skall se dem inskrivna i din hand.

De sade "i handen" därför att allt som människan undersöker med sitt intellekt visar sig för änglarna som inskrivet i händerna.

Därför sägs det också i Uppenbarelseboken att de fick märken på panna och hand (13:16, 14:9, 20:4).

Jag undersökte den första universella kärleken i helvetet, som bestod i kärlek till makt utifrån egenkärlek, och därpå den motsvarande universella kärleken i himlen, nämligen kärleken till makt utifrån kärleken till nytta. Det var mig inte tillåtet att undersöka en enda av dem avskild från den andra, ty intellektet fattar inte den ena utan den andra eftersom de utgör varandras motsatser.

För att man nu skall förstå dem båda vill jag beskriva dem intill varandra. Ett vackert, välformat ansikte visar sin skönhet tydligare när det ställs intill ett fult och vanskapligt.

Då jag undersökte kärleken till makt utifrån egenkärlek — dvs härsklystnaden — fick jag genomskåda den och se att den var i högsta grad helvetisk och att den var typisk för dem som bodde i det djupaste helvetet; medan kärleken till makt utifrån kärlek till nytta är i högsta grad himmelsk och typisk för dem som bor i högsta himlen.

Härsklystnad är att handla utifrån själviskhet — vilken från födelsen är ond och diametralt motsatt Herren. Ju djupare de härsklystna förfaller in i detta onda, desto häftigare förnekar de Gud och kyrkans heliga ting och dyrkar sig själva och naturen.

De som hemfallit åt härsklystnad må examinera sig själva och se. Denna kärlek till att dominera över andra väcker — om den får utvecklas ohämmat — en ambition att stiga allt högre och högre. Och när den inte kan nå längre stönar den och klagar.

Hos politiker väcker härsklystnaden en önskan om att vara kungar och kejsare och om möjligt få regera över hela världen och kallas konungars konungar och kejsares kejsare. Hos prästerskapet väcks en lust att vara gudar och få regera över himlen och kallas gudar över gudar.

Alla dessa är ateister och erkänner i sina hjärtan ingen Gud — något som kommer att framgå av det följande.

De däremot som av kärlek till nytta vill härska över andra, de vill inte härska av själviska intressen utan av kärlek till Herren. Ty kärlek till nytta kommer från Herren och är Herren Själv — est Ipse Dominus. De sätter värde på sin auktoritet endast som ett medel att genomföra nyttiga ting. De sätter nyttan högt över auktoriteten medan de förra gör tvärtom, sätter auktoriteten långt framför nyttan.

Medan jag mediterade över detta kom en ängel från Herren och sade till mig:

— Du skall nu få se hur helvetisk kärlek är beskaffad.

Och se! plötsligt öppnade sig jorden och jag såg en djävul stiga upp från helvetet. På huvudet bar han en fyrkantig hatt, nedtryckt över pannan ända till ögonen. Hans ansikte var fullt av blemmor. Hans ögon hatiska. Bröstet uppsvällt. Från munnen utstötte han rök liksom från en ugn, hans lem stod upp av kåthet. I stället för fötter hade han benknotor utan kött. Från hans kropp kom en stinkande hetta.

Då jag såg honom blev jag förskräckt.

— Kom inte närmare, skrek jag, varifrån kommer du?

Han svarade med hes röst:

— Jag är från underjorden, från ett samfund med tvåhundra invånare och detta samfund är det mest supereminenta (supereminentissima) ty där är vi alla kejsares kejsare, konungars konungar, hertigars hertigar och furstars furstar. Vi sitter där på troners troner och ger våra befallningar över hela jorden och t o m ännu längre bort.

Då sade jag till honom:

— Inser du inte att du lider av det mest supereminenta storhetsvansinne?

Då svarade han:

— Hur kan du påstå något sådant? Vi ser ju tydligt att vi har denna makt och värdighet. Alla mina samfundsbröder intygar det.

Då jag hörde detta ville jag inte än en gång säga att han var galen — han gick helt upp i sina fantasier.

Jag fick nu veta att den här djävulen när han levde i världen hade varit förman på en gård och då blivit till den grad uppblåst att han föraktade hela människosläktet. På grund av sin högfärd hade han förnekat Gud och alla heliga ting — sådant gällde bara för den dumma hopen.

Till sist frågade jag honom:

— Hur länge håller ni tvåhundra på att berömma varandra?

— I evighet, sade han, men de av oss som torterar andra som motsätter sig vår makt, de störtas ner i djupet. Vi har nämligen tillåtelse att berömma oss, men inte att tillfoga andra något ont.

Jag frågade:

— Hur går det för dem som störtas ner i djupet?

— Jo, sade han, de hamnar i ett fängelse som sägs vara det eländigaste av eländiga och där hålls de till straffarbete.

Då sade jag till honom:

— Akta dig så att inte du också hamnar där.

Nu öppnade sig jorden på nytt — men nu till höger om mig. Jag såg en annan djävul stiga upp. Han hade på huvudet en biskopsmössa. Och kring den slingrade sig en orm vars huvud stack fram högst uppe på skulten. Hans ansikte var spetälskt, likaså händerna. Nertill var han naken, svart som sot och med lemmen upprättstående av kåthet. Hans fotblad såg ut som två huggormar.

När den förre djävulen fick se honom, föll han på knä och tillbad honom.

Jag frågade:

— Varför gör du så?

Han svarade:

— Det här är himlens och jordens gud och han är allsmäktig.

Jag frågade då den senast anlände:

— Vad säger du om det här?

— Vad skall jag säga? sade han, jag har all makt över himmel och helvete. Jag har alla själars öden i min hand.

Jag frågade:

— Hur kan det komma sig att den här som är konungarnas konung ödmjukar sig så. Och hur kan du ta emot hans hyllning?

— Den där, sade han, den där han är min slav. Vad är en kejsare mot en Gud? I min högra hand håller jag bannstrålen.

— Hur kan du, sade jag, tala så sinnesrubbat? I världen var du bara en ledamot av domkapitlet. Men du hängav dig åt inbillningen att du hade himlens nycklar och makt att binda och lösa. Och du hetsade upp dig till sådant vanvett att du nu tror dig vara gud.

Han blev nu verkligt indignerad och svor på att han var gud. Herren hade inte längre någon makt i himlen.

— Han har flyttat över all makt på oss, sade han, vi befaller och himmel och helvete lyder vördnadsfullt. Skickar vi någon åt helvete, strax mottar djävlarna honom. Skickar vi någon till himlen, strax mottar änglarna honom.

— Hur många är ni i ert samfund egentligen? frågade jag.

— Trehundra, svarade han, och alla är vi gudar. Men jag — jag är gudarnas gud.

Nu öppnade sig jorden under fötterna på bägge dessa sataner och de försvann ner i sina helveten. Jag fick tillfälle att se mig omkring där.

Under deras helveten var arbetsanstalterna där de stängs inne så snart de skadat någon annan.

I helvetet får var och en leva i sin fantasivärld och han får också skryta över sina inbillningar — men han får inte göra någon annan ont.

Efter döden är människan i sin ande och när anden är skild från kroppen har den full frihet att handla efter sina böjelser och enligt de tankar som dessa böjelser uppväcker. Denna frihet råder även i helvetet.

I det helvetet där kejsares kejsare och konungars konungar håller till, såg jag vid min inspektion mängder av orenlighet. De som bodde där såg ut som rovdjur med vilda ögon.

Det andra helvetet, där gudars gudar hade sitt hemvist, såg likadant ut. Olycksbådande nattfåglar, de kallas ochim och ijim, flög omkring — de motsvarade ''gudarnas'' inbillningar.

Det blev alldeles klart för mig hurdan egenkärleken är beskaffad hos politiker och präster — hos de förra yppar den sig i lusten att regera enväldigt, hos de senare att framstå som gudomliga.

När jag bevittnat dessa ohyggliga företeelser fick jag se två änglar stå och samtala inte långt ifrån mig. Den ene var klädd i en ylletoga som skimrade av flammig purpur. Därunder bar han en skjorta av bländvitt siden. Den andre hade likadana kläder, scharlakansfärgade. Han bar ett furstligt diadem i vilket några ädelstenar var infattade på högra sidan.

Jag gick fram till dem och hälsade.

— Frid, sade jag och frågade sedan vördnadsfullt, vad har fört er hit ner?

De svarade:

— Vi har kommit hit ner på Herrens befallning för att undervisa dig om det lyckliga öde som tillkommer dem som vill härska av kärlek till nytta. Vi dyrkar Herren. Jag är furste i ett samfund. Den andre här är överstepräst.

Fursten sade vidare att han var sitt samhälles tjänare eftersom han betjänade det genom att göra nytta. Den andre sade att han var kyrkans tjänare eftersom han betjänade församlingen med det som var till nytta för deras själar.

Båda sade att de levde i ständig glädje. De kände i sitt inre den eviga lycksalighet som har sitt upphov i Herren. Allt i deras samfund var av guld och ädelstenar. De bodde i magnifika palats och lustgårdar.

— Orsaken till denna prakt, sade de, är att vår lust att härska inte kommer av egenkärlek utan av kärlek till nytta och eftersom kärlek till nytta härrör från Herren så lyser all god nytta i himlarna. Då alla i vårt samfund domineras av denna kärlek till nytta så ser luften där guldfärgad ut, ty ljuset får sin glans av solens låga som korresponderar med denna kärlek.

När de hade talat omgavs de av ett liknande guldfärgat ljus och en stark vällukt strömmade ut därifrån.

Jag nämnde denna effekt och bad dem säga mer om kärleken till nytta. Varvid de fortsatte:

— De höga ämbeten vi bekläder har vi visserligen sökt men enbart i syfte att i större utsträckning kunna göra nytta. Man visar oss ärebetygelser och vi tar emot dem — men inte för vår egen skull utan för samhällets bästa. Våra kamrater som utgör vårt samhälles medborgare tror kanske att den ära som tillhör våra ämbeten skulle tillhöra oss och att den nytta vi gör skulle komma ur oss själva — men vi känner helt annorlunda, ty vi vet att den ära som tillkommer våra ämbeten är liksom en klädnad som vi tagit på oss, och att den nytta vi gör kommer av kärleken till nytta som härrör från Herren. Denna kärlek medför sällhet när den yppar sig i nytta för andra. Vi vet också av erfarenhet att i den mån vi gör nytta på grund av kärleken till nyttan, så tillväxer kärleken och med den även visheten. Men om vi behåller nyttan enbart för egen räkning, då går strax sällheten förlorad. Nyttan blir liksom föda som ligger kvar i matsäcken utan att näringen sprider sig i kroppen — födan ligger där osmält och fyller en med vämjelse. Med ett ord — hela himlen är ingenting annat än ett universellt system av olika slag av nytta? Vad är nytta annat än en manifestation av människans kärlek till sin nästa. Vad håller väl himlarna samman om inte denna kärlek?

Då detta blivit sagt, frågade jag:

— Hur kan man veta om någon gör nytta av egenkärlek eller av kärlek till nytta? Antag att det i världen finns ett samhälle bebott av idel änglar och ett annat bebott av idel djävlar, antag vidare att djävlarna i sitt samhälle skulle av egenkärlek och för sin falska ära göra lika mycket nytta som änglarna i sitt samhälle — hur skulle man då veta av vilket slags kärlek de gör nytta.

De två änglarna svarade:

— Djävlarna gör nytta av egoistiska skäl, för att vinna ära och samla rikedomar. Änglarna gör inte nytta av sådan anledning utan de gör nytta för nyttans egen skull och av kärlek till nyttan. En människa kan inte se skillnaden mellan dessa två slag av nytta — men Herren ser den. Var och en som tror på Herren och flyr det onda som synd, han gör nytta som härrör från Herren. Men den som förkastar Herren och inte flyr det onda därför att det är synd, han gör nytta utifrån sig själv och betjänar sin egoism. Detta är skillnaden mellan den nytta som djävlar gör och den som änglar gör.

När de två änglarna hade sagt detta, avlägsnade de sig. På avstånd såg man dem fara upp till himlen, åkande i en vagn av eld som Elias.

DELIRIUM

Jag vandrade omkring av och an i en skog samtidigt som jag mediterade över dem som lever i begäret att lägga under sig all världens rikedom och som också inbillar sig att ha lyckats därmed.

Då såg jag på något avstånd två änglar stå och samtala, medan de då och då såg åt mitt håll. Jag gick då närmare. De sade till mig:

— Vi känner inom oss att du tänker över samma sak som vi talar om. Eller så är det vi som talar om det du tänker. Sådant uppstår när våra böjelser ömsesidigt kommunicerar med varandra.

Jag frågade då vad de talade om. De sade:

— Om inbillning, om lust och om insikt. Vi talar nu om dem som förlustar sig med den fantasin att de äger hela världen.

Jag bad dem framlägga sina tankar om dessa tre ämnen. De yttrade sig som följer:

— Alltifrån födelsen har var och en begär i sitt inre men genom uppfostran blir människan ytligt intelligent. Ingen är i sitt inre intelligent om hon inte blir upplyst av Herren. Hon hålls tillbaka från sina lustar och är kvar i förnuftet genom att se till Herren och söka förbindelse med Honom. Utan denna förbindelse är människan endast lustar. Ändå uppför hon sig till det yttre intelligent tack vare den uppfostran hon fått. Hon har lust till ära, berömmelse, pengar, och det vet hon att hon inte kan uppnå, om hon inte framstår som moralisk och förnuftig vilket hon har lärt sig vara från barndomen. Det är orsaken till att hon i andra människors sällskap drar sin ande bort från begäret för att synas anständig och mänsklig. Hon aktar sig mycket noga för att visa en skymt av sina onda lustar. Därför är varje människa som inte i sitt inre leds av Herren en hycklare och en bedragare, dvs ingen riktig människa ty endast hennes yttre är mänskligt, hennes inre är ett vilddjur. Sådana människor vänder bakhuvudet uppåt och pannan nedåt. De går liksom nerpressade av en stor tyngd, med hängande huvud och ansiktet mot marken. När de har avlidit och avklätts kroppen och blivit andar och därmed frigjorda, då är de helt igenom ohämmade, råa begär. De som älskar sig själva nöjer sig inte med att regera hela universum — de skulle vilja utsträcka sitt välde ännu längre. De som älskar världsliga ägodelar vill äga allt som där finns. De fylls av sorg när de tänker på att dolda skatter kan finnas hos några andra. För att sådana inte helt skall upphöra att vara människor så uppväcker man i den andliga världen hos dem en rädsla för att mista allt anseende och rent av kastas i fängelse. Man sätter dem i arbete så att de upptagna av en syssla blir kvar i någon form av ytligt förnuft — även om de fortfarande i sitt inre är helgalna.

Jag frågade om alla som domineras av sina begär lever i fantasins värld.

De svarade att sådana som ger fantasin fria tyglar, deras inbillningar förstör deras intelligens. De blir som dårar som inbillar sig äga hela världen. I ett sådant delirium kommer efter döden alla som inte velat med religiösa tankar angående ont och falskt avvisa kärleken till dessa fantasier. De vill inte kännas vid det faktum att ohämmad egoism förstör all kärlek till Herren och att ohämmat habegär förstör vår kärlek till nästan.

Därefter önskade både de två änglarna och jag att få se dem som av sin kärlek till världen är besatta av sitt habegär. Deras hemvist var i underjorden strax under våra fötter, men ovanför helvetet.

Vi såg på varandra och så sade vi — låt oss gå då!

Där var en öppning med en trappa ner. Den följde vi. Man hade varnat oss för att närma oss dem från öster för i så fall skulle vi komma in i deras inbillningstöcken och då skulle vårt eget förstånd och vår syn förmörkas.

Och se! där var en byggnad uppförd av vass, med glesa väggar. Huset stod i en dimma. För ånga pyste hela tiden ut genom springorna i tre av väggarna.

Vi gick in. Där var femtio personer på ena sidan och femtio på den andra. De satt på bänkar med ryggarna åt sydost och ansiktena mot nordväst. Framför var och en av dem stod ett bord och på bordet låg fullproppade penningpungar och en massa guldmynt.

Vi frågade:

— Är detta samtliga tillgångar i världen?

— Inte i världen, svarade de, men alla i riket.

De väste fram det de sade. Deras runda ansikten skimrade som snäckskal. Deras pupiller lyste gröna vilket kom sig av att de reflekterade ljuset i deras inbillningar.

Vi ställde oss mitt ibland dem och sade:

— Tror ni att ni äger alla tillgångar i landet?

— Ja, svarade de.

— Vem av er? frågade vi.

— Var och en av oss, svarade de.

— Hur kan det komma sig, frågade vi vidare, var och en? Ni är ju många.

De svarade:

— Var och en av oss vet att allt vad någon annan här äger

också är hans eget. Ingen får tänka, än mindre säga — "mitt är icke ditt" utan han skall tänka och säga — "ditt är mitt".

Pengarna på borden såg ut som rent guld. Men då det föll in ljus från öster förvandlades de till ytterst små guldkorn som genom de närvarandes förenade inbillning hade blivit förstorade.

De sade att var och en som kom in i deras samhälle måste föra med sig något guld, vilket de skär i bitar och sedan delar upp i ytterst små korn varpå de genom kollektiv inbillning utvidgar dessa till större guldmynt.

Vi sade:

— Ni föddes ju till förnuftiga människor — varifrån kom denna galenskap över er?

— Vi vet, sade de, att vi är galna men så länge vi har vår inre glädje åt denna inbillning så går vi in här. När vi går ut igen får vi tillbaka vårt sunda förstånd. På det sättet är vi än galna, än kloka. Vi vet också att ett hårt öde drabbar dem som lurar åt sig av andras ägodelar.

— Vilket öde då? frågade vi.

De svarade:

— De uppslukas av jorden och kastas nakna in i ett helvetiskt fängelse, där de tvingas arbeta för mat och kläder och för några småslantar som gläder dem omåttligt. Men misshandlar de kamraterna måste de ta pengarna för att betala böter med.

OM RENHET

Varje människa med sunt förnuft inser att om man tvättar ansiktet, händerna och fötterna och alla lemmar, ja, hela kroppen i ett bad så uppnår man ingenting annat än att smutsen sköljs bort och att man till det yttre kan visa sig ren inför folk. En sådan tvättning påverkar inte människans ande och gör inte den ren. Ty varje tjuv, stråtrövare och mördare kan ju skrubba sig så ren att det skiner om honom. Men kan därmed tjuvaktigheten och stråtrövarnaturen tvättas bort?

Det inre påverkar det yttre och genomdriver där sin viljas och sitt förstånds verkningar. Men det yttre har inget inflytande på det inre — det skulle vara mot naturen och mot den gudomliga ordningen.

VAD NYTT FRÅN JORDEN?

En dag när jag kom hem från vishetsskolan mötte jag en ängel klädd i hyacintfärgade kläder. Han kom fram till mig och sade:

— Jag ser att du har kommit från vishetsskolan och att du är glad åt vad du där fått höra. Jag märker att du inte helt och hållet är i den här världen utan att du också samtidigt är på jorden — i den naturliga världen. Du känner nog inte till våra olympiska gymnasier där forntidens vise kommer tillsammans och där de av från jorden nyanlända får rapport om vilka förändringar och framsteg som visdomen undergår, därför skall jag, om du vill, föra dig till det ställe där åtskilliga av antikens filosofer och deras lärjungar har sin boning.

Han förde mig till gränsen mellan norra och östra kvarteret och då jag från en högläntt terräng såg ditåt — se! då syntes en stad och vid dess ena sida två kullar och den som låg närmast staden var lägre än den andra.

Ängeln sade:

— Den där staden heter Aten, den lägre kullen är Parnassen, den högre är Helikon. De kallas så därför att de gamla filosoferna från Grekland bor där och i grannskapet — där är Pytagoras, Sokrates, Aristippus och Xenofon med lärjungar.

Jag frågade efter Plato och Aristoteles. Han sade att de och deras anhängare bebodde en annan region eftersom de undervisade om förnuftssaker som hör intellektet till medan de förra undervisade om den moral som hör levnadssättet till. . .

En röst från himlen sade:

— Se! nu är ett möte på Parnassen. Kom skall vi visa dig vägen.

Jag gick dit. Invånarna från staden Aten och dess grannskap gick också dit upp och med dem tre nykomna från världen. Dessa tre var kristna, den förste en präst, den andre en politiker, den tredje en filosof.

Uppe på kullen var ett åttkantigt palats kallat Palladium. Där gick vi in. Inuti palatset var åtta sexkantiga fördjupningar och i var och en fanns en boksamling och ett bord där de lagerkransade satt. Och i själva Palladium var säten huggna i sten. Där satt de övriga. . .

De lagerkransade frågade de tre nyanlända:

— Vad nytt från jorden?

De svarade:

— Här är någonting nytt — en man uppger sig tala med änglar och kunna skåda in i den andliga världen lika bra som i den naturliga. Han berättar många nyheter därifrån: att människan lever som människa efter döden så som hon levde förut i världen; att hon ser, hör och talar som förut; att hon klär sig och smyckar sig som förut; att hon hungrar och törstar, äter och dricker som förut; att hon njuter äktenskaplig lycka som förut; att hon sover och vaknar som förut; att det i den andliga världen finns landområden och sjöar, berg och kullar, slätter och dalar, källor och floder, parker och skogar, palats och hus, städer och byar precis som i den naturliga världen; att där finns manuskript och böcker, ämbeten och handel, ädelstenar, guld och silver; med ett ord, att där finns — fast i oändligt mycket mer fullkomlig gestalt — varenda sak som finns på jorden, men med den skillnaden att det som finns i den andliga världen har ett andligt ursprung och alltså är andligt eftersom det har sitt upphov i den sol som där lyser och som är ren kärlek, medan allt som är i den naturliga världen har ett naturligt ursprung och följaktligen är materiellt eftersom det har sitt upphov i den naturliga solen som är ren eld; att slutligen människan efter döden är mycket mer fullkomlig än förut i världen, ty i världen levde hon i en materiell kropp men i denna världen i en andlig.

När de sagt detta frågade antikens filosofer vad man nu tänkte om detta på jorden och de tre svarade:

— Vi vet att det är sanning eftersom vi ju är här och har undersökt allt. Men vi skall säga hur man resonerar om detta på jorden.

Prästen sade:

— När mina kollegor först hörde detta, kallade de det syner, sedan dikt, sedan sade de att han hade sett spöken. Men till sist blev de tveksamma och sade — tro't om du vill. Vi har hittills predikat den läran att människan efter döden inte kommer att leva i någon kropp förrän på den yttersta domedagen.

Filosoferna frågade:

— Finns ingen intelligent präst som kan övertyga de andra om att människan lever som människa efter döden?

Prästen sade:

— Det finns väl några som söker bevisa det, men de förmår inte övertyga. De säger att det strider mot sunt förnuft att tro att människan inte lever som människa förrän på domedagen och att hon dessförinnan skulle vara en själ utan kropp. "Vad är själen?" säger de, "och var är hon under tiden? Är hon en vindpust som flyger i luften eller någonting gömt i jordens medelpunkt där hennes Pu är? Svävar verkligen Adams och Evas själar och deras efterkommandes själar ännu efter sextusen år ute i världsrymden, eller hålls de inneslutna i jordens medelpunkt och inväntar där den yttersta domen? Vad kan vara mer beklagansvärt än en sådan väntan? Deras öde kan bara jämföras med dem som i fängelser hålls bundna med kedjor och fotbojor. Om människan hade en sådan lott efter döden, är det då inte bättre att födas som en åsna? Är det inte också emot förnuftet att tro att själen skulle kunna iklädas sin naturliga kropp? Är inte kroppen uppäten av maskar, råttor och fiskar? Skulle då ett benrangel som är uttorkat av solen eller multnat till stoft kunna stoppas in i en ny kropp? Hur skulle dessa ruttna och illaluktande ämnen kunna hopsamlas och förenas med själarna?'' Då mina kollegor hör sådana argument kan de inte göra några förnuftiga invändningar, men de håller fast vid sin tro och säger — ''vi underkastar förnuftet lydnad under tron''. Att alla på den yttersta dagen skall hopsamlas ur sina gravar, det påstår de är allmaktens verk. Och så snart de nämna allmakt och tro jagar de förnuftet på flykten. Jag kan säga att då är sunda förnuftet som ett intet och blir för somliga till ett spöke, ja, de säger till sunda förnuftet: du är vansinnig.

När de grekiska filosoferna hade hört detta, sade de:

— Faller inte sådana föreställningar på sin egen orimlighet? Och ändå kan inte sunda förnuftet skingra dem på jorden! Kan man tro någonting mer paradoxalt än läran om den yttersta domen, att hela världsalltet då skall gå under och att himlens stjärnor skall falla ner på jorden som ju dock är mindre än stjärnorna, och att människors kroppar som då antingen är lik eller mumier, vilka som medicin blivit förtärda av människor, eller blivit till stoft, skall förenas med sina själar? När vi ännu var kvar i världen ansåg vi på förnuftiga grunder att människornas själar var odödliga och för de saliga utsåg vi platser som vi kallade de Elyseiska fälten. Vi trodde att själarna hade mänsklig form men bestod av ytterst fina beståndsdelar eftersom de var andliga.

När detta blivit sagt vände de sig till den andre närvarande som i världen varit politiker.

Han erkände att han inte hade trott på ett liv efter döden och att han om dessa nya åsikter som han hade hört, tänkt att de var dikt och påhitt. Men han tillade:

— Då jag tänkte över saken, sade jag till mig själv — hur kan själar vara kroppar? Ligger inte allt som människan tillhör dött i graven? Ligger inte ögat där, och hur kan hon då se? Ligger inte örat där, och hur kan hon då höra? Varifrån får hon en mun att tala med? Om något av människan överlever efter döden måste det då inte vara ett slags vålnad? Hur kan en vålnad äta, dricka och njuta äktenskapets lycka? Varifrån får vålnaden kläder, hus, mat osv och dessutom är ju vålnader bara fantombilder och saknar reell existens. Så tänkte jag medan jag var i världen, om människornas liv efter döden. Men nu när jag har sett allt och vidrört allt med mina händer är jag med mina sinnen övertygad om att jag är en människa precis som i världen och det till den grad att jag inte vet annat än att jag lever såsom jag har levat, blott med den skillnaden att mitt förnuft nu är sundare. Ibland skäms jag över mitt tidigare sätt att tänka.

Filosofen berättade detsamma om sig dock med tillägget att han hade trott att dessa nya åsikter om livet efter döden, som han hade hört, hade hopsamlats från diverse hypoteser hos både äldre och nyare författare.

Antikens vise män häpnade inför dessa ord och de som hörde till Sokrates skola sade:

— Den här rapporten från jorden visar att människornas tänkesätt nu blivit så inskränkta att lögner ter sig som sanningar och dåraktiga hugskott som visdom.

En av lärjungarna sade:

— Hur stupida är inte jordinvånarnas tankar nu för tiden. Jag skulle önska att Herakleitos och Demokritos lärjungar var här, de som skrattar och gråter åt allt. Då skulle vi minsann få höra skratt och gråt.

När detta möte var avslutat överräckte de åt de tre nykomlingarna från jorden utmärkelsetecken som bestod av små kopparplåtar på vilka några hieroglyfer var inristade. Med dessa i handen gick de därifrån.

TRUMPETANDE ÄNGEL

En gång såg jag en ängel som flög under himlen i öster. Han höll en trumpet i handen och blåste i den mot norr, väster och söder. Han var klädd i en mantel som av farten fladdrade bakåt och han hade ett bälte som blixtrade och lyste av rubiner och safirer. Han flög framåtlutad och sänkte sig sakta ned på jorden där jag stod. Då han tog mark gick han uppratt av och an. Då han upptäckte mig styrde han sina steg åt det hållet.

Jag var i anden och stod på en kulle belägen i det södra kvarteret. Då han kom närmare tilltalade jag honom:

— Vad är det fråga om? Jag hörde ljudet av din trumpet och såg dig komma ned genom luften.

Ängeln svarade:

— Jag har blivit utsänd för att sammankalla de för sin lärdom mest berömda, de allra skarpsinnigaste begåvningarna och de som för sin visdom anses mest framstående — alla dessa som från de kristna rikena på jorden förts till denna trakt. De skall samlas just på denna kulle där du befinner dig. De skall uppriktigt säga vad de medan de var i världen har tänkt, förstått och vetat om himmelsk fröjd och evig lycksalighet. Och anledningen är att några som helt nyligen kommit från jorden till vårt himmelska samfund, som är beläget i det östra kvarteret, har berättat att inte en enda i kristenheten vet vad himmelsk fröjd och evig lycksalighet är — och följaktligen heller inte vet vad himlen är. Mina bröder och kamrater i samfundet är mycket förvånade häröver och de bad mig att stiga ned och sammankalla de visaste i den andliga världen och det på det ställe, där alla först sammanförs efter det att de lämnat den naturliga världen. Syftet är att vi på det viset genom flera vittnesbörd skall kunna förvissa oss om sanningen i påståendet att de kristna är okunniga om det tillkommande livet.

Han tillade:

— Vänta lite, och du kommer att få se horder av visa komma strömmande hit. Herren skall uppföra en samlingslokal åt dem.

Jag väntade — och se! efter en halvtimme såg jag två grupper komma från norr, två från väster och två från söder. Allt efter som de anlände förde ängeln med trumpeten in dem i det avsedda huset. Där intog de sina platser som tilldelades dem i enlighet med det väderstreck varifrån de kommit. Det var sex grupper eller hopar. En sjunde var från öster och den var på grund av ljuset osynlig för de övriga.

När alla var på plats förklarade ängeln orsaken till att de hade sammankallats och bad dem att i tur och ordning framlägga sina tankar om himmelsk fröjd och evig lycksalighet.

Varje grupp samlades för sig i en ring med ansiktena vända mot varandra. De sökte nu i minnet återkalla de idéer de haft om saken medan de ännu levde på jorden. Efter rådplägning och analys framställde de sina åsikter.

Den första gruppen — den som kom från norr — sade att himmelsk fröjd och evig lycksalighet var ett med själva livet i himlen. Var och en som kommer till himlen blir delaktig av glädje precis som man på ett bröllop får det festligt omkring sig.

— Är icke himlen, sade de, det vi ser ovanför oss? Och var om inte där skulle det finnas saligheters salighet och vällusters vällust? Då en människa blir insläppt i himlen kommer hon att njuta dess fröjder både mentalt och kroppsligt. Ty himmelsk lycka, som ju också är evig lycka, består inte i något annat än att bli insläppt i himlen — vilket sker genom gudomlig nåd.

När de hade yttrat sig, framlade den andra gruppen från norr vad de utifrån sitt förstånd hade kommit fram till.

— Himmelsk glädje och evig lycksalighet är ingenting annat än glad samvaro med änglar, ljuva samtal som oavbrutet ger ens ansikte en glättig min. Små trevliga skämt lockar en oavbrutet att skratta, munnarna på hela sällskapet öppnar sig med ett visst behag. Himmelska fröjder består just i sådana omväxlande förströelser och det för evig tid.

Den tredje gruppen som var den första från det västra kvarteret berättade vad de tyckte om att tänka i detta ämne:

— Himmelsk fröjd och evig lycksalighet består i att äta festmiddagar med Abraham, Isak och Jakob. På deras bord serveras delikata och raffinerade maträtter, utsökta årgångsviner. När man har ätit vidtar ringlekar. Flickor och pojkar dansar efter musik från symfoniorkestrar och blåsarensembler, då och då avbrutna av de mest ljuva sångframträdanden. Framemot kvällen slutligen — teaterskådespel. Och sedan — mera mat. Och så fortsätter det varje dag i all evighet.

Efter detta yttrade sig den fjärde gruppen som var den andra från väster.

— Vi har haft åtskilliga föreställningar om himmelsk fröjd och evig lycka och vi har analyserat skiftande fröjder och jämfört dem med varandra. Vi har kommit fram till den slutsatsen att himmelska fröjder är paradisiska. Himlen är ju ett paradis som sträcker sig från öst till väst och från söder till norr, där finns fruktträd och behagliga blommor och i mitten det magnifika livets träd. Kring detta träd sitter de

saliga, smyckade med doftande blomstergirlander, och äter delikata frukter. Evig vår alstrar för var dag nya frukter och blommor. Denna alstringsrikedom förnyar tillsammans med vårens vindar ens själsförmögenheter så att man förmår njuta nya fröjder och återföras till den blomstrande ålder och det ursprungliga tillstånd som Adam och hans hustru var skapade i, och därigenom föras tillbaka till deras paradis, som från jorden flyttats över till himlen.

Den femte gruppen som var den första av de intellektuella från det södra kvarteret yttrade sig som följer:

— Himmelska fröjder och evig lycka är ingenting annat än den mest eminenta makt och rikedom varav följer en mer än furstlig ståt och glans. Att himmelsk fröjd och att beständigt njuta himmelsk fröjd — vilket ju är evig lycksalighet — består just i dessa ting, det förstår vi av dem vi sett i den förra världen som innehade en sådan ställning. Vi förstår det också av det faktum att de lycksaliga i himlen skall regera med Herren och bli kungar och furstar eftersom de är Hans barn och han konungarnas Konung och herrars Herre och att de skall sitta på troner medan änglar betjänar dem. Himlens härlighet har vi förstått av beskrivningen på det nya Jerusalem som ju är en sinnebild för himlens härlighet. Det skall ha portar, av vilka varenda en är en pärla, vidare gator av rent guld och en mur uppförd på ett fundament av ädelstenar. Följaktligen kommer den som får inträde till himlen att ha sitt eget av guld och dyrbarheter glänsande hov samt en maktställning som i tur och ordning går från den ene till den andre. Då vi nu känner till att sådana förhållanden medför inneboende fröjder och lycksalighet och att de utgör Guds oryggliga löften, så har vi inte kunnat härleda det himmelska livets allra saligaste tillstånd från andra källor.

Den sjätte gruppen som var den andra från det södra kvarteret, upplät nu sin röst och sade:

— Himmelsk fröjd och dess eviga lycksalighet består blott i att utan uppehåll ära Gud i en i evighet utdragen högtid och med den saligaste dyrkan med sång och jubel och hjärtats konstanta lyftning till Gud med full förtröstan att han hör deras böner och lovprisanden i enlighet med den Gudomliga givmildhet varmed han skänker dem deras salighet. Några i gruppen tillade att sådan Gudsdyrkan skall ske med höga ljus och välluktande rökelse och högtidliga processioner där den till ämbetet mest framstående prästen går först med en stor trumpet, präster av lägre rang bakom honom och sist män med palmkvistar och kvinnor med förgyllda ikoner i händerna.

Den sjunde gruppen som på grund av ljuset inte kunde ses av de övriga, var från himlens östra sfär och bestod av änglar från samma samfund som ängeln med trumpeten.

När de i himlen hörde att icke en enda i kristenheten visste vad himmelsk fröjd och evig lycksalighet var, sade de till varandra:

— Ingenting av detta är sanning. Hur kan ett sådant mörker råda hos de kristna och en sådan sinnesslöhet? Låt oss gå ner, vi också, och se om det verkligen förhåller sig på detta sätt. För i så fall står vi inför ett järtecken.

Till ängeln med trumpeten sade de:

— Du vet att varje människa som har längtat efter himlen och gjort sig en föreställning om dess fröjder, efter döden introduceras i de fröjder han fantiserat om. Och när de sedan får erfara vilken kvalitet dessa fröjder har och att de stämmer överens med deras fantasier — då för man bort dem från deras villfarelser och de undervisas. Så sker i andarnas värld med de flesta som på jorden tänkt över himlen och gjort sig en bestämd åsikt om dess fröjder — och det till den grad att den väcker längtan hos dem.

När ängeln med trumpeten hade hört detta, sade han till de sammankallade sex grupperna av kristna:

— Följ mig och jag skall leda er till era fröjder, dvs till himlen.

Därpå gick ängeln före och ledde den grupp som inbillat sig att de himmelska fröjderna endast bestod i muntra samkväm och angenäma samtal.

Ängeln introducerade dessa andar hos församlingar i det norra kvarteret vilka i den förra världen haft samma uppfattning om himlens fröjder.

Sådana andar var samlade i en stor byggnad. Där fanns fler än femtio rum, uppdelade efter olika typer av samtal. I somliga rum konverserade man om vad man sett och hört på gator och torg. I andra om det vackra könets företräden varvid man inströdde kvickheter som efterhand kom sällskapets ansikten att explodera i skratt. I andra rum talade man om nyheter från hoven, om ministrar, om det politiska läget, om statshemligheter som läckt ut och vilka slutsatser och gissningar man därav kunde dra. I andra rum var samtalsämnet handeln. I andra åter litteraturen. I andra avhandlades den enskildes livsföring och moral. I ännu andra kyrkan och sekterna och så vidare.

Jag fick tillåtelse att titta in i huset och jag såg hur andarna sprang från rum till rum och sökte ett sällskap som skulle passa deras egna böjelser och skänka glädje.

I dessa sällskap fann jag tre olika typer — somliga var mycket talträngda, somliga frågvisa, somliga önskade bara lyssna.

Huset hade fyra portar, en i varje väderstreck. Jag lade märke till att flera andar bröt upp från samvaron och skyndade mot utgångarna. Jag följde några till den östra porten och såg åtskilliga som satt där och verkade olyckliga.

Då jag frågade varför de satt där så dystra i hågen, svarade de:

— Portarna till det här huset hålls stängda för dem som vill utpassera, och det är nu tredje dagen sedan vi gick in.

Vi har, precis som vi önskade, fått tillbringa ett liv i samkväm och samtal och nu är vi så trötta på allt pratandet att vi knappt tål att höra sorlet där inifrån. Vi är så uttråkade att vi begav oss till den här porten och klappade på — men vi fick till svar att portarna inte öppnas för dem som vill ut, bara för dem som vill in. Man sade till oss — stanna kvar och njut av himlens fröjder. Vi förstår av dessa svar att vi måste bli kvar här i evighet. Det är därför vi är så olyckliga — bröstet pressas ihop på oss och vi längtar bort.

Då sade ängeln till dem:

— Detta tillstånd är till för att ta död på de fröjder som ni inbillade er var de enda himmelska fröjderna, medan de i själva verket bara är himmelska oväsentligheter.

De frågade ängeln:

— Vad är då himmelsk fröjd?

Ängeln svarade kortfattat:

— Den består i nöjet att göra något som är till nytta för en själv och andra och detta nöje har sin essentia från kärleken och sin existens från visheten. Det nöje nyttan ger upphov till utgör alla himmelska fröjders själ och liv och har sitt upphov i kärleken förmedelst visheten. I himlen förekommer glada samkväm som livar änglarnas sinnen, förlustar deras hjärtan, uppväcker glädje i bröstet och vederkvicker deras kroppar. Men detta kommer dem till del först efter det att de gjort nytta i sina sysslor. *Ty nyttan är själen och livet i alla deras fröjder och förlustelser.* Men om man tar bort själen eller livet så blir efter hand dessa oväsentliga fröjder inte mera några fröjder utan de ge upphov till likgiltighet, sedan avsmak och slutligen dysterhet och ångest.

När ängeln hade sagt detta, öppnades porten och de som satt där sprang ut för att komma hem, var och en till sin syssla och blev åter vederkvickta.

Därefter talade ängeln till dem som inbillade sig att himlens fröjder och evig lycksalighet skulle bestå i festmåltider med Abraham, Isak och Jakob och efter måltiderna lekar och teaterskådespel och om igen festmåltider i all evighet — och han sade till dem:

— Följ mig och jag skall leda er in i era fröjders lycksaligheter.

Han förde dem genom en skog till en äng belagd med bräder och ovanpå dem var ställda bord, femton på ena sidan och femton på den andra. De frågade nu:

— Varför så många bord?

Ängeln svarade:

— Det första bordet är för Abraham, det andra för Isak, det tredje för Jakob och intill dessa i tur och ordning de tolv apostlarna. På andra sidan är lika många bord för deras hustrur, de tre första för Abrahams hustru Sara, Isaks hustru Rebecka, Jakobs hustrur Lea och Rakel och de tolv övriga för de tolv apostlarnas hustrur.

Efter en stund såg man borden fyllas med maträtter och mellan dem små pyramider av bakelser. De som skulle äta stod runt borden och väntade på värdfolket, och så småningom fick man se dem komma in i procession, från Abraham till den siste av apostlarna. Var och en gick fram till sitt bord. De slog sig ner på bänkar med dynor vid bordets övre ända och sade till de kringstående:

— Sitt till bords också ni.

Männen satte sig ner med dessa fäder och kvinnorna med deras hustrur. De åt och drack, glada och vördnadsfulla.

Efter måltiden gick fäderna ut och då kom flickor och pojkar och ordnade ringlekar. Sedan kom turen till teatern. När föreställningen var slut, inbjöds de på nytt till måltider men med den bestämmelsen att de första dagen åt med Abraham, den andra med Isak, den tredje med Jakob, den fjärde med Petrus, den femte med Jakob, den sjätte med Johannes, den sjunde med Paulus och med de övriga i tur och ordning ända till den femtonde dagen. Därefter skulle de på nytt börja om med festligheterna och endast byta sittplatser. Detta skulle fortgå i evighet.

Ängeln samlade nu männen i gruppen och sade till dem:

— Alla dessa som ni såg sitta kring borden har haft samma tankar som ni om himlens fröjder och evig lycksalighet, men för att de själva måtte inse det galna i dessa idéer och vända sig bort från dem, så har Herren givit tillstånd till att sådana måltider anordnas. De som intog hedersplatsen vid varje bord var utklädda gubbar. Många av dem var bönder. De hade skägg. Och eftersom de på grund av sin förmögenhet inbillade sig stå över andra hade de ingetts föreställningen att de var de gamla fäderna. Men följ mig nu till utgångarna.

De följde efter och såg femtio här och femtio där, alla med magarna till den grad fullproppade att de var spyfärdiga. De önskade bara att få komma tillbaka till sina hem och till sina vardagssysslor. Men många kvarhölls av skogvaktare som var i skogen där och som frågade dem om festmåltiderna, om de ännu hade suttit vid Petrus bord och med Paulus, om de verkligen tänkte nu gå därifrån, det skulle verkligen inte passa sig.

Men de flesta svarade:

— Vi har fått mer än nog av våra fröjder. Maten äcklar oss. Magen vänder sig. Vi står inte ut med att röra maten ens. Vi har redan varit i detta överflöd både dagar och nätter. Nu ber vi att få komma ut härifrån.

Han som ägde skogen släppte ut dem och de sprang hem — de sprang så de flåsade.

Ängeln gick vidare och undervisade samtidigt om himlen:

— I himlen finns liksom på jorden mat och dryck av alla de slag, måltider, gästabud. Hos de främste är borden dukade med utsökta rätter och läckerheter som muntrar och vederkvicker änglarnas sinnen. Där förekommer också lekar och skådespel, sång och musik — allt i den yttersta fulländning. Sådant fyller dem med glädje men utgör inte deras lycksalighet. Ty lycksaligheten måste vara i fröjderna inneboende och ger sig till känna genom dessa. Lycksaligheten i fröjderna gör att de är fröjder — den förökar dem och upprätthåller dem så att de inte råkar i förfall och väcker leda. Denna lycksalighet kommer var och en till del genom den nytta han gör i sitt arbete. Hos varje ängel finns en hemlig böjelse i viljan — den drar tankarna till någon form av verksamhet som kan skänka lugn och tillfredsställelse. Denna tillfredsställelse och detta lugn gör tankens tillstånd mottagligt för den kärlek till nytta som Herren ingjuter. Att ta emot denna kärlek till nytta ger upphov till himmelsk lycksalighet — vilken utgör själva livet i de fröjder som tidigare omnämnts. Himmelsk mat är i sitt väsen inte något annat än kärlek, visdom och nytta tillsammans dvs nytta genom kärlekens visdom. Därför ges åt var och en i himlen mat för kroppen i förhållande till den nytta vederbörande gör. Ypperlig mat åt dem som gör stor nytta, husmanskost men av utmärkt smak åt dem som gör nytta i mer medelmåttig grad, enkel kost åt dem som gör föga nytta. De likgiltiga får ingen mat alls.

Därefter kallade ängeln till sig den grupp som gett sig ut för att vara insiktsfull och som hävdat att himmelska fröjder och evig lycksalighet består i makt och rikedom, ståt och glans — ty i Ordet sägs ju att de skall bli kungar och presidenter, regera med Kristus i evighet och betjänas av änglar, med mera.

Ängeln sade till dem:

— Följ mig och jag skall föra er till era fröjder.

Han förde dem till en portik, uppförd av pelare och pyramider. Framtill var ett lågt palats genom vilket man måste passera för att komma in i portiken. Han ledde dem in och se! där stod ett tjugotal personer och väntade. Strax kom det en person utklädd till ängel och sade till dem:

— Genom denna pelargång är vägen till himlen. Stå kvar här och förbered er. De äldre bland er skall bli kungar och de yngre furstar.

Knappt hade han sagt detta så syntes vid varje pelare en tron och på tronen en sidenmantel och på manteln krona och spira. Och vid varje pyramid en karmstol upphöjd från marken närmare två meter och ovanpå sätet en guldkedja och ett bälte med diamantringar vid ändarna.

Någon ropade:

— Gå nu och klä på er, sätt er sedan och vänta.

Strax sprang de äldre fram till tronstolarna och de yngre till karmstolarna. De klädde sig och satte sig.

Då syntes liksom ett moln stiga upp nedifrån och när de som satt där hade andats in därav, började deras ansikten att svälla upp, de bröstade sig, de kände sig övertygade om att de var kungar och furstar. Detta moln var deras fantasi i kondenserad form.

Plötsligt kom det några unga män liksom flygande från himlen. De ställde sig två och två vid varje stol som uppvaktning. En härold ropade då och då:

— Ni kungar och furstar, ge er ännu något till tåls. Era hov förbereds i himlen. Hovmän med drabanter kommer snart att beledsaga er dit.

De väntade och väntade ända tills de var helt utmattade av längtan.

Efter tre timmar öppnades himlen över deras huvuden och änglar såg medlidsamt ner på dem och sade:

— Varför sitter ni där som några fånar? Varför spelar ni teater? Man har utsatt er för ett skämt. Man har förvandlat er från människor till spöken eftersom ni inbillade er att ni skulle tillsammans med Kristus regera som kungar och furstar och att ni skulle få en uppvaktning av änglar. Har ni glömt Herrens ord, att den som vill vara stor i himlen måste bli en tjänare? Lär därför nu vad som menas med kungar och furstar och med att regera med Kristus. Det är att bli vis och göra nytta. Kristi rike som är himlen, är nyttornas rike, ty Gud älskar alla och vill alla gott. Och "gott" är detsamma som nytta. Och då Herren gör gott eller nytta indirekt genom änglarna och i världen genom människorna, så ger Han dem som troget gör nytta, kärlek till nytta tillika med inre sällhet — och detta är evig lycksalighet. I himlarna finns liksom på jorden mäktiga nationer och stora rikedomar. Där finns regeringar och regeringsformer, större och mindre grad av makt och värdighet. De som utövar den högsta makten bor i palats som i prakt och glans överträffar vad kejsare och kungar har på jorden, och de omges av den ståt som följer med ett stort antal hovmän, tjänare, drabanter och praktfulla kläder. Men dessa furstar är utvalda bland dem hos vilka det allmänna bästa är hjärtesak och som värderar det magnifika enbart för lydnadens skull. Eftersom det hör till den allmänna välfärden, att var och en skall göra nytta i samhället, som är den gemensamma kroppen, och eftersom all nytta är från Herren och utövas indirekt genom änglar och människor och på ett sådant sätt att det ser ut att komma från dem — så är det tydligt att detta är vad som menas med att regera med Herren.

När de utklädda kungarna och furstarna hörde detta från himlen, steg de ner från sina troner och karmstolar och kastade bort spiror, kronor och mantlar. Molnet som var deras kondenserade inbillning vek bort från dem och de omgavs av en vit sky i vilken vishetens aura var. Genom denna aura återvann deras tänkesätt sin hälsa.

Därefter gick ängeln tillbaka till huset där kristenhetens vise hade samlats och kallade till sig dem som hade inbillat sig att himlens fröjder och evig lycksalighet bestod i paradisiska njutningar. Han sade till dem:

— Följ mig och jag skall leda er in i er paradisiska himmel så att ni kan påbörja njutningen av er eviga lycksalighet.

Han förde dem genom en hög port av flätade grenar och kvistar av ädla träd. Han ledde dem på omvägar i olika riktningar.

Det var verkligen ett paradis vid första ingången till himlen. Dit släpper man in dem som i världen trott att hela himlen är ett enda paradis — eftersom det ju kallas paradis — och som har den föreställningen att det efter döden inträder en fullkomlig vila från allt arbete. Och denna vila tänkte de sig bestå i att inandas ljuva vällukter, vandra på rosor, njuta av härlig druvsaft, fira festliga dryckeslag. Ett sådant liv skulle man njuta i ett himmelskt paradis.

Åtföljda av ängeln fick de i en rosengård se män och kvinnor i alla åldrar sitta tre och tre tillsammans eller tio och tio. De band kransar varmed de skulle pryda sig. Andra pressade must ur druvor, körsbär och vinbär i bägare och drack glada och upprymda. Andra indrog i näsborrarna lukten från blommor, frukter och välluktande blad. Andra sjöng ljuva sånger som smekte de närvarandes öron. Andra satt vid källor och styrde springvattnet i skilda strålar. Andra promenerade omkring, samtalade och skämtade. Andra gick in i små trädgårdshus för att sträcka ut sig på soffor — för att inte nämna andra paradisiska nöjen.

När de hade sett detta förde ängeln sina följeslagare genom slingrande gångar. Sist kom de fram till några som satt i den allra vackraste rosengård, omgiven av oliv-pomerans- och citronträd. De satt framåtlutade, de höll händerna för sina ansikten. De grät och klagade. De som följde ängeln frågade:

— Varför ser ni så olyckliga ut?

De svarade:

— Vi har vistats i detta paradis nu i sju dagar. När vi kom hit kände vi oss upplyftade till himlen och delaktiga av dess fröjders innersta sällhet. Men efter tre dagar började denna sällhet att avta så att vi miste all lust och slutligen blev vi fullkomligt oemottagliga för denna sällhet. De fröjder vi hade tänkt oss och fantiserat om blev nu likgiltiga för oss. Vi var rädda att mista all livsglädje. Vi började undra om det överhuvudtaget existerar någon lycksalighet. Vi har gått omkring på gångar och öppna platser för att finna porten där vi kom in, men vi gick vilse. Vi frågade dem vi mötte. Några sade att det var omöjligt att finna någon port eftersom denna paradisiska trädgård är en vidsträckt labyrint. Den är så beskaffad att den som vill ut bara kommer längre in. De sade att vi måste stanna här i evighet. De sade att vi nu befann oss mitt i paradiset där alla njutningar fanns samlade. Och här har vi nu suttit en och en halv dag. Vi har inget hopp om att hitta utgången. Vi har satt oss i denna rosengård. Vi ser omkring oss oliver, druvor, pomeranser, citroner, men ju mer vi ser på dem desto mer leds vi, ögon, näsa och tunga orkar inte mer. Detta är orsaken till den gråt och klagan som ni står inför.

När änglaguiden hörde detta, sade han till dem:

— Denna paradisiska labyrint är verkligen ingången till himlen. Jag vet var utgången är. Jag skall visa er.

Då ängeln sade detta, steg de upp. De omfamnade ängeln och följde honom tillsammans med den grupp han förde med sig. Medan de gick vägen fram undervisade ängeln dem om himmelsk fröjd och evig lycksalighet. De består inte i yttre paradisiska förlustelser om dessa inte samtidigt är kopplade till inre paradisiska nöjen. Yttre paradisiska förlustelser hör blott till kroppens sinnen, men de inre paradisiska nöjena hör till själens förhållanden. Om de inre nöjena inte är i de yttre, är det inte något himmelskt liv i dem, eftersom de då inte har någon själ, och all förlustelse som inte har sin korresponderande själ mattas och försvagas mer och mer och tär på krafterna mer än något arbete och gör en dödstrött. Överallt i himlarna finns paradisiska trädgårdar som mycket förnöjer änglarna, och i den mån själen finner glädje i dem är också denna glädje en sann glädje för dem.

När de hörde detta, frågade de alla:

— Vad är då själens glädje och varifrån kommer den?

Ängeln svarade:

— Själens glädje kommer av kärlek och visdom från Herren och eftersom kärlek manifesterar sig som verksamhet och den verkar genom visdom, så återfinns bådadera i kärlekens manifestation, och *manifestationen är nytta.* Denna glädje inflyter från Herren i själen och nedstiger genom tankens högre och lägre sfärer till alla kroppens sinnen och är där helt och fullt. Härigenom blir glädjen sann glädje och den Evige, som är dess upphov, gör den evig. Nu har ni sett de paradisiska trakterna och jag kan försäkra att där finns ingenting, inte ens det minsta blad, som inte härrör från kärlekens och vishetens förening i nytta. Om en människa därför är i denna förening, så är hon i ett himmelskt paradis och följaktligen i himlen.

Därefter återvände änglaguiden till huset, till dem som var övertygade om att himmelsk fröjd och evig lycksalighet består i ett ständigt lovprisande av Gud och en till evighet utdragen högtid. Så trodde de därför att de i världen hade tänkt att de skulle få se Gud och därför att livet i himlen kallas en beständig sabbat just på grund av oupphörlig Gudsdyrkan. Till dessa sade ängeln:

— Följ mig och jag skall leda er in till era fröjder.

Han förde dem till en liten stad. Mitt i staden var ett tempel och alla hus där kallades helgedomar. Till denna stad såg de folk strömma till från trakterna runtomkring, bland dem ett antal präster som tog emot och hälsade välkomna och ledde folk vid handen till templets portar och därifrån till några hus intill templet och invigde dem till evärdelig gudsdyrkan.

— Den här staden, sade de, är himlens förgård och templet här i staden är ingången till det magnifika och oändligt rymliga tempel som är i himlen och där Gud förhärligas av änglarna med böner och lovprisanden i evighet. Statuterna både här och där ålägger en att först gå in i templet och stanna där tre dagar och tre nätter och efter denna invigning gå in i husen i staden av vilka alla är av oss helgade kapell och tillsammans med de församlade där, i det ena kapellet efter det andra, bedja, sjunga och lyssna till predikan. Men akta er för att tänka på annat än det som är heligt, rent och religiöst eller att med församlingsborna tala om något annat.

Därefter förde ängeln in sina följeslagare i templet som var till trängsel fullt med många som i världen varit högt uppsatta men även med folk från lägre samhällsklasser. Vid dörrarna stod vakter som hindrade den som ville att gå ut innan de varit där inne tre dagar.

Nu sade ängeln:

— Idag är det andra dagen som de här vistas här inne. Låt oss se på dem och ni skall upptäcka hur de förhärliga Gud.

De såg på dem och fann att flera satt där och sov. De som var vakna gäspade och gäspade. Där fanns några som beständigt upplyft sina tankar till Gud utan att återvända till kroppen och de såg ut som ansikten skilda från kroppen — så syntes de för sig själva och därför även för andra. Några hade ögon som stirrade förvirrat omkring på grund av att de oupphörligt varit uppåtriktade.

Med ett ord — alla var beklämda och andligen uttråkade. De vände sig bort från predikstolen och skrek:

— Våra öron har domnat. Sluta upp med det där predikandet. Vi hör inte ett ord längre. Ljudet av era röster är vedervärdigt.

Därpå reste de sig och stormade mot dörrarna, sprängde dem och jagade bort vakterna.

När prästerna såg detta följde de efter och gick vid deras sida och undervisade dem, de bad, suckade och sade:

— Fira högtiden, ära Gud, helga er. I detta himmelska förhus skall vi inviga er till att evigt förhärliga Gud i det magnifika och oändligt utsträckta templet som är i himlen och sålunda låta er njuta evig lycksalighet.

Men detta förstod de inte. De hörde det knappt, så förslöade hade de blivit av två dagars andlig utsvävning och av frånvaron av vardagliga sysslor och medborgerliga plikter. Men då de försökte att slita sig loss från prästerna, tog dessa tag i dem i armarna och i kläderna för att tvinga dem tillbaka till kapellen där det åter skulle hållas predikningar.

Men de ropade:

— Låt oss vara. Annars svimmar vi.

Därefter visade sig fyra män i vita kläder och iförda biskopsmössor. En av dem hade i världen varit ärkebiskop och de tre andra biskopar, men nu var de änglar. De sammankallade prästerna och sade till dem:

— Vi har från himlen sett er med dessa får och hur ni föder dem. Ni föder dem så att de blir vansinniga. Ni vet inte vad som menas med Guds förhärligande. Därmed menas att bära kärlekens frukter, dvs att troget, redligt och flitigt fullgöra sitt arbete, ty detta hör till kärleken till Gud och till vår nästa och detta utgör även samhällets band och dess goda. Därmed förhärligas Gud och sedan — genom Gudstjänst på sina bestämda tider. Har ni inte läst dessa Herrens ord: ''Däruti förhärligas min Fader, att ni bär mycken frukt och blir mina lärjungar'', Joh 15:8? Ni präster kan förhärliga Gud med er Gudstjänst eftersom detta är er syssla och ni av det uppbär heder, ära och lön. Men ändå kan ni inte mer än andra leva i ett sådant förhärligande om inte heder, ära och lön var förenade med er syssla.

Då biskoparna hade sagt detta, befallde de dörrvakterna att släppa in eller ut alla som ville.

— Ty, sade de, det finns åtskilliga som inte kan tänka sig någon annan himmelsk fröjd än en beständig Gudsdyrkan eftersom de inte vet någonting om himlens tillstånd.

Därefter återvände ängeln med sina följeslagare till platsen där grupper av visa ännu var kvar. Han kallade till sig dem som trodde att himmelsk fröjd och evig lycksalighet kom en till del bara man blev insläppt i himlen, och det uteslutande av Gudomlig nåd. Blev man insläppt då njöt man fröjden på samma sätt som i världen när man kommer till kungars hov på högtidsdagar eller när man är bjuden till bröllop.

Till dessa sade ängeln:

— Stanna här medan jag blåser i trumpeten och kallar hit dem som är berömda för sin visdom i kyrkans andliga ting.

Efter en stund infann sig nio män, var och en prydd med en lagerkrans som bevis på sitt rykte. Ängeln förde dem in i församlingshuset där alla nu var tillstädes. Ängeln vände sig till de nio lagerkransade och sade:

— Jag vet att ni efter er önskan och enligt den idé ni haft om himlen fått tillstånd att dit uppstiga och att ni nu skall återvända till den under himlen belägna jorden med en fullständig kunskap om himlens tillstånd. Berätta för oss hur himlen tycktes er.

De svarade i tur och ordning. *Den förste* sade:

— Alltifrån barndomen ända till livets slut i världen hade jag den föreställningen om himlen, att den var ett ställe där alla sällheter, lycksaligheter, fröjder, ljuvligheter och vällust fanns samlade, och att jag i samma stund jag blev insläppt, skulle omges av en fläkt av sådana lycksaligheter och av alla krafter insupa dem precis som en brudgum då han firar bröllopet och kommer in i brudkammaren. Med denna föreställning uppsteg jag till himlen och passerade både den första vakten och den andra vakten. Men då jag kom till den tredje tilltalade mig vaktchefen och sade — "Vem är du min vän?" Jag svarade — "Är icke detta himlen? Det är längtan som drivit mig hit upp. Släpp in mig, jag ber." Han släppte in mig och jag såg änglar i vita kläder. De gick omkring mig, såg forskande på mig och mumlade sinsemellan: "Se, här är en ny gäst som inte är klädd i himlens dräkt." Jag hörde det och tänkte att jag säkerligen var lik den som Herren talar om, att han gick till bröllopet utan att vara i bröllopskläder. Därför sade jag till änglarna — "Ge mig sådana kläder." Men de bara log. Och i detsamma kom en rusande från regeringsbyggnaden och gav befallning — "Klä av honom naken och driv ut honom och kasta hans kläder efter honom." Så blev jag utkastad.

Den andre i ordningen sade:

— Jag hade också trott som föregående talare att om jag bara blev insläppt i himlen som är ovanför mitt huvud, så skulle alla fröjder omsluta mig och jag skulle njuta dem i evighet. Jag fick också min önskan uppfylld. Men så snart änglarna fick syn på mig, flydde de och sade sinsemellan: "Vad för ett vidunder är detta? Hur har denna nattfågel kommit hit?" Och jag kände mig faktiskt förvandlad, som om jag inte längre var en människa, trots att jag inte undergick någon förvandling — men det tycktes mig så när jag inandades den himmelska atmosfären. Men strax kom en rusande från regeringsbyggnaden med befallning att två tjänare skulle föra mig tillbaka hem samma väg som jag hade kommit. Så snart jag var hemma syntes jag för mig själv och för andra som en människa.

Den tredje sade:

— Jag har alltid föreställt mig himlen som en bestämd plats och inte som ett tillstånd av kärlek. När jag kom hit till denna värld fick jag därför en stark längtan efter att få komma till himlen. Och när jag såg några som steg dit upp följde jag efter. Jag blev insläppt, men bara några steg. Ty då jag ville njuta av de fröjder och saligheter som jag hade förknippat med himlen, så blev mitt förstånd helt förslöat, min syn förmörkades och jag började rasa som en vansinnig — allt en följd av himlens ljus vilket var vitt som snö och vars väsen sägs vara visdom. Och på grund av himlens värme som korresponderade med det vita ljuset och vars väsen sägs vara kärlek, så fick jag hjärtklappning, ängslan grep mig. Jag plågades till den grad av en smärta i mitt inre att jag kastade mig huvudstupa ner på marken. Då jag befann mig i detta tillstånd kom en av vakterna med befallning att de långsamt skulle föra mig bort till det ljus och den värme som hörde *mig* till, och då jag kom dit blev jag på nytt vederkvickt.

Den fjärde sade att även han hade tänkt sig himlen som en bestämd plats och inte som ett kärlekstillstånd.

— Så snart jag kom till den andliga världen, sade han, frågade jag några visa personer om det var tillåtet att bege sig upp till himlen. De sade mig att det var tillåtet för var och en, men att man skulle akta sig så att man inte blev utkastad. Jag log åt detta och begav mig upp, lika övertygad som alla andra om att hela världen var mottaglig för himlens fröjder. Men det var i sanning inte så. Knappt hade jag kommit in så blev jag nästan livlös. Jag fick ont i huvudet och i hela kroppen. Jag kastade mig på marken och vred mig som en orm som man för intill eld. Jag kröp bort till branten av en klippa och kastade mig ner. Sedan togs jag upp av några som stod där, och de förde mig till ett värdshus där jag återhämtade mig.

De fem andra berättade märkliga saker om hur de stigit upp till himlen. De jämförde förändringarna i sitt tillstånd med fiskars tillstånd då man lyfter upp dem ur vattnet i luften, och med fåglars tillstånd när de inte får luft. Sedan de uthärdat dessa hårda villkor längtade de inte längre till himlen. De önskade bara att få njuta ett liv som passade deras likar, varhelst det än månde vara.

— Vi vet nu, sade de, att i andarnas värld där vi nu befinner oss, så undergår alla en förberedelse, de goda för himlen, de onda för helvetet. Därefter ser de vägar stå öppna för dem så att de kan komma till sina likars samfund med vilka de i evighet skall vara förenade. Och dessa vägar går de med stor lust därför att de utgör deras kärleks vägar.

När de som först blivit sammankallade hörde detta, erkände de att inte heller de haft någon annan föreställning om himlen än att det var ett ställe där de i fulla drag och i evighet skulle njuta de fröjder som omgav dem.

Ängeln med trumpet sade till dem:

— Nu ser ni att himlens fröjder och evig lycksalighet inte beror av någon bestämd plats utan att de är människans livstillstånd. Det himmelska livstillståndet härrör från kärlek och vishet och eftersom nytta innehåller kärlek och visdom så uppkommer det himmelska livstillståndet av kärlekens och visdomens förening i nytta. Detsamma gäller kärleken till nästan, tron och goda gärningar, ty kärleken till nästan är kärlek och tron är sanning och i den har visdomen sin upprinnelse, och goda gärningar är nytta. För övrigt finns i vår andliga värld platser liksom i den naturliga världen, annars skulle det inte finnas skilda bostäder — men ändå är rummet där inte rum utan endast skenbara rum som korresponderar med kärlekens, visdomens och trons kvalitet. Var och en som blir en ängel, bär sin himmel inom sig ty han har sin egen himmels kärlek. Människan är från skapelsen en miniatyr av den stora himlen. Mänsklig form är ingenting annat. Därför kommer varje människa till det samfund i himlen som hon särskilt avbildar. När hon kommer in i detta samfund, kommer hon in i den form som korresponderar med hennes egen. Hennes egen form och samfundets form förenas i perfekt harmoni och hon blir delaktig av dess gemensamma liv. Varje samfund är ett kollektiv vars allmänna form motsvarar den hos varje enskild individ som däri ingår. Därav följer att den som lever i ondska och falskhet inom sig utgör en miniatyr av helvetet och en sådan kommer att pinas ifall han kommer in i himlen just av motsatsernas våldsamma antagonism — ty den helvetiska kärleken är motsatsen till den himmelska kärleken, deras skilda fröjder bekämpar varandra som fiender och dödar varandra så snart de mötas.

NÄR ANDENS ÖGON ÖPPNAS

Att människan är lika mycket människa efter döden som före trots att hon är osynlig för den materiella kroppens ögon, det framgår av de änglar som visade sig för Abraham, Hagar, Gideon, Daniel och för några av profeterna. Det framgår också av dem som blev sedda vid Herrens grav och som sedan flera gånger visade sig för Johannes, om vilket han skriver i Uppenbarelseboken.

Framför allt framgår det av Herren själv. Han visade sina lärjungar att han var människa, dels genom att de fick röra vid honom, dels genom att han åt med dem. Ändå blev han sedan osynlig för deras ögon.

Vem kan vara i ett sådant delirium att han inte erkänner att Herren lika fullt fortsatte att vara människa fast osynlig?

Att de såg honom berodde på att deras andes ögon då var öppnade och när de andliga ögonen öppnas, då framstår tingen i den andliga världen med samma klara tydlighet som i den naturliga världen.

Skillnaden mellan en människa i den naturliga världen och en i den andliga är den att den senare är iklädd en substansiell kropp medan den förra är klädd i en materiell, inom vilken hennes substansiella är dold. En substansiell människa ser en substansiell människa lika klart och distinkt som en materiell ser en materiell människa.

En substansiell människa kan emellertid inte se en materiell, inte heller en materiell se en substansiell — något som beror på skillnaden mellan materia och substans, en skillnad som inte låter sig klarläggas i få ord.

INVENTARIUM ÖVER ANDEVÄRLDEN

Av vad jag under så många år fått se, kan jag rapportera följande.

I den andliga världen finns marker precis som på jorden. Där finns slätter, dalar, berg och kullar, källor och floder. Där finns lustgårdar, trädgårdar, lunder, skogar. Där finns städer och i dem palats och hus. Där finns manuskript och böcker, ämbeten och handelshus. Där finns guld, silver och ädla stenar. Med ett ord, där finns allt och varje enskildhet som finns på jorden, men de i himlen är ofantligt mer fulländade.

Men skillnaden är att allt man ser i den andliga världen, skapas på ögonblicket av Herren, hus, lustgårdar, mat och allt annat och det skapas som korresponderande motsvarigheter till det inre hos änglar och andar, dvs till att motsvara deras böjelser och de tankar som åtföljer böjelserna.

Allt man ser på jorden däremot, uppkommer och växer ur frö.

FÖRDANSAREN

Ofta har jag konverserat med Luther, Melankton och Calvin i den andliga världen och jag har blivit underrättad om dessa tre reformatorers liv ända fram till innevarande tid.

Allt från sitt inträde i den andliga världen var *Luther* ytterst nitisk när det gällde att försvara sina dogmer och propagera för dem. Hans nit ökade med antalet av dem från jorden som blev hans anhängare.

Han fick ett hus likt det han hade haft i Eisleben under sin jordiska tillvaro. Där mitt i rummet ställde han en upphöjd stol, och där satt han. Dörrarna stod alltid öppna för hans åhörare som han ordnade i rader. De som mest favoriserade hans åsikter satt närmast, de som var mer tvivlande längre bort. Han talade oavbrutet men tillät frågor för att få anledning att ta upp ett nytt tema. Han var en mycket omtyckt predikant och förskaffade sig en sådan övertalningsförmåga, att ingen kunde motstå honom, ingen kunde anföra något genmäle mot det som sades.

Denna konst att trollbinda sin publik var väl känd under antiken och är i den andliga världen så mäktig att den tystar all opposition. Den har sitt upphov i egenkärlek och det är därför som den slutligen blir sådan att man vid minsta invändning inte bara angriper saken i fråga utan även personen. Av denna anledning blev Luther förbjuden att bruka sin övertalningsförmåga. Han återgick till sin tidigare metod att appellera till åhörarnas intellekt.

Sådant var Luthers liv fram till den senaste domen som i den andliga världen ägde rum 1757. Påföljande år flyttades han från sitt första hus till ett annat och försattes samtidigt i ett annat andligt tillstånd.

När han fick höra att jag som är i den naturliga världen kunde konversera med dem som är i den andliga världen, kom han tillsammans med åtskilliga andra för att hälsa på.

Han ställde några frågor. Han fick svar. Han insåg att den gamla kyrkan nått sin slutpunkt och att den nya kyrkans era börjat så som den förutspåtts av Daniel och av Herren hos evangelisterna. Han blev även upplyst om att denna nya kyrka är det Nya Jerusalem som nämns i Uppenbarelseboken, även som det eviga evangelium som den i himlen flygande ängeln bebådar jordinvånarna, Uppenbarelseboken 14:6.

Häröver blev Luther mycket indignerad och kom med svordomar. Men eftersom han insåg att en ny himmel hade bildats av dem som erkänner Herren allena som himlens och jordens Gud enligt hans ord i Matteus 28:18, och då han samtidigt märkte att hans åhörare minskade i antal, upphörde han med sitt våldsamma tal. Han kom mig närmare. Han började tala mer familjärt med mig. Och när han blivit övertygad om att han hämtat sin dogm om rättfärdiggörelse medelst tron enbart, inte från Ordet utan från sitt eget skarpsinne, lät han sig undervisas om Herren, om kärleken, om den sanna tron, om den fria viljan och slutligen om återlösningen — och detta endast ur Ordet. Han började ge sitt bifall och efterhand alltmer befästa sig i den nya kyrkans sanningar.

Vid den här tiden var han dagligen hos mig, och var gång han i minnet genomgick dessa sanningar, började han le åt sina tidigare dogmer som något som stred mot Ordet.

Jag hörde honom säga:

— Undra inte över att jag predikade rättfärdiggörelse genom tron allena tillsammans med andra dogmer som innebar ett förnekande av den fria viljan i andliga ting och avvisande av kärlekens andliga väsen! Min avsikt var att bryta med de romerska katolikerna och detta mål kunde jag inte uppnå på annat sätt. Själv är jag inte förvånad över att jag misstog mig. Vad som förvånar mig, det är att *en* tokig människa har kunnat göra så många andra tokiga.

Då han sade detta kastade han en blick på några dogmatiska författare som på sin tid var ryktbara och trogna anhängare av hans lära och som heller inte insåg att den stred mot Den Heliga Skrift — något som dock är tydligt.

Änglar som haft till uppgift att examinera andarna har underrättat mig om att denne fördansare numera är omvänd, och det därför att han i sin ungdom, innan han började genomföra reformationen, hade tagit till sig dogmen om kärlekens överhöghet. Därför kunde han både i sina skrifter och i sina predikningar på ett ypperligt sätt undervisa om kärleken. . .

Jag har talat med hertigen av Sachsen som Luther hade umgåtts med i världen, och han berättade att han ofta hade motsagt honom, i synnerhet därför att Luther hade söndrat kärleken från tron och förklarat den senare för saliggörande men icke den förra, då likväl Den Heliga Skrift inte endast förenar dessa två salighetsmedel utan även Paulus sätter kärleken framför tron och säger: ''Så är dessa tre, tron, hoppet och kärleken — men störst av dem är kärleken'', 1 Kor 13:13. Men Luther hade då svarat att han för de romerska katolikernas skull inte kunde göra annat.

Denne furste är bland de lycksaliga.

LUDEN SKINNPÄLS

Vad Melankton angår så har jag fått veta åtskilligt om hans öde, hur han hade det när han kom till den andliga världen och hur det sedan blev. Jag har hört det inte endast av änglarna utan också av honom själv. Jag har talat med honom några gånger. Men inte lika ofta och förtroligt som med Luther. Att det inte blev så beror på att han inte kunde på samma sätt närma sig mig. Han var så nitisk när det gällde rättfärdiggörelse genom tron allena och avvisandet av kärleken. Och då jag var omgiven av änglar som var i kärleken så hindrade de hans tillträde till mig.

Jag har hört att ett hus var förberett åt honom då han inträdde i den andliga världen och att det var likt det han bodde i på jorden.

Så är fallet med de flesta nyanlända. Det är därför som de inte kan tro annat än att de är kvar på jorden och att tiden som gått efter döden bara varit en dröm.

I Melanktons kammare var alla saker lika som förut — samma bord, samma dokumentskåp med fack, samma boksamling.

Så snart han kom in i sitt nya hus, satte han sig vid bordet precis som om han nyss vaknat upp ur sömnen, och fortsatte att skriva om rättfärdiggörelse genom tron allena.

Han fortsatte så flera dagar. Men han skrev ingenting om kärleken.

Då änglarna upptäckte detta, tillfrågades han genom sändebud varför han teg om kärleken.

Härtill svarade han att det i kärleken inte fanns något som hörde kyrkan till. . .

Då änglarna som befann sig ovanför hans huvud fick veta detta liksom de änglar som höll honom sällskap när han vistades utomhus — då drog de sig tillbaka. Varje nykomling får nämligen i början sällskap av änglar.

Några veckor därefter började möblerna i hans rum att bli alltmer otydliga. Slutligen försvann de helt. Kvar var bara bordet, papperen och bläckhornet. Väggarna tycktes vitmenade med kalk, golvet överdraget med en gulaktig glans och han själv klädd i grova kläder.

Då han förundrade sig över detta, frågade han dem som var omkring honom vad det berodde på. Han fick till svar att orsaken var den, att han drivit ut kärleken från kyrkan, då kärleken likväl är dess själva hjärta.

Men eftersom han sade emot och fortsatte att skriva om tron som kyrkans enda salighetsmedel och därmed alltmer undanröjde kärleken, fick han plötsligt se sig placerad i ett underjordiskt fängelse där hans anhängare fanns. Ville han gå ut, blev han kvarhållen och man sade honom att detta öde väntade dem som förkastar kärleken och de goda gärningarna.

Men eftersom Melankton var en av kyrkans reformatorer blev han på Herrens befallning uttagen därifrån och återsänd till sin förra kammare, där fortfarande bara bord, papper och bläckhorn var kvar.

Han var dock så fast i sina föreställningar att han fyllde papperen med samma villfarelse om igen. Därför kunde det inte undvikas att han gång på gång sänktes ner till sina fångna stallbröder och om igen släpptes ut därifrån.

När han var utsläppt syntes han klädd i en luden skinnpäls — ty tro utan kärlek är kall.

Han berättade för mig att en annan kammare låg bakom hans egen och att där var tre bord vid vilka personer med samma uppfattning som han själv satt — även de hade utelämnat kärleken. Ibland såg man där också ett fjärde bord ovanpå vilket diverse vidunder visade sig — något som ej avskräckte dem.

Han sade att han hade talat med dem och för var dag blivit alltmer styrkt i sina åsikter.

Efter någon tid greps han av ångest och började skriva något om kärleken, men vad han skrev den ena dagen på papperet kunde han nästa dag inte läsa. Det händer var och en i den andliga världen att om någon skriver någonting av den yttre människan och inte av den inre, alltså skriver av tvång och inte av frihet, så utplånas det.

Men när Herren började inrätta den nya himlen, tog sig Melankton för att i ljuset av denna himmel tänka att han möjligen var i villfarelse. Han ängslades för sitt öde och kände inom sig vissa föreställningar om kärleken. I detta tillstånd rådfrågade han Ordet, och då öppnades hans ögon, och han såg att där var alldeles fullt av kärleken till Gud och kärleken till ens nästa, och att det följaktligen var som Herren säger att på dessa två bud hänger Lagen och Profeterna, dvs hela Ordet.

Nu blev han flyttad längre åt sydväst och till ett annat hus. Där talade han med mig och sade, att det han nu skrev om kärleken inte raderade ut som förut men att det följande dag såg lite otydligt ut.

Jag förundrade mig mycket över den omständigheten att hans steg, då han gick, slamrade liksom då man går med järnbeslagna skor på ett stengolv.

När några nyanlända ifrån världen kom till hans kammare för att tala med honom, hämtade han in en trollkarl som kunde uppväcka en illusion av att hans rum pryddes med rosenfärgade tapeter och med en bokhylla mitt i rummet. Men så snart de hade gått sin väg försvann dessa prydnader. Den förra kalkrappningen och ödsligheten återvände.

Men detta inträffade då han var i sitt tidigare tillstånd.

ENGELSMÄNNEN I DEN ANDLIGA VÄRLDEN

Vad beträffar det engelska folket så befinner sig de bästa bland dem i kristenhetens centrum, ty de har ett inre intellektuellt ljus. Det märks inte på jorden men visar sig tydligt i den andliga världen. Detta ljus har de fått tack vare att de kan fritt tala, skriva och tänka.

Hos andra folk som inte har den friheten, fördunklas detta ljus, eftersom det inte har någon öppning genom vilket det kan skina fram.

Men detta ljus är inte verksamt av sig självt utan aktiveras av andra, särskilt av ryktbara och auktoritativa personer. Så snart sådana yttrar sig, lyser detta ljus fram.

Det är skälet till att engelsmännen i den andliga världen har utmärkta guvernörer och präster, och för deras beslut har engelsmännen förtroende just tack vare sin läggning.

Där finns två städer som liknar London och dit kommer de flesta engelsmännen efter döden. Jag har fått tillfälle att se mig omkring i den förnämligare av de två. Centrum i denna stad motsvarar den del av London där köpmännen träffas och som kallas The Exchange, Börsen. Där bor de styrande. Ovanför centrum ligger östra stadsdelen, nedanför den västra, på höger sida södra och på vänster norra stadsdelen.

I de östra kvarteren bor de som framför andra fört ett kärleksfullt liv. Där reser sig magnifika palats. I de södra kvarteren bor de som älskar visheten och hos dem finns storartade byggnader. I de norra kvarteren bor de som mer än andra älskat yttrandefriheten. I de västra åter bor de som hävdar rättfärdiggörelse genom tron allena.

Infarten till denna stad befinner sig i detta sistnämnda kvarter, till höger. Där är också utfarten. Och där skickar man bort sådana som lever lastbart.

De präster som bor i väster och som hyllar läran om rättfärdiggörelse genom tron allena, vågar sig inte ut på de större gatorna in mot centrum utan håller sig till de smala gränderna. Invånarna i staden tål bara sådana som lever i tron på kärleken.

Jag har hört klagomål yttras gentemot prästerskapet i West End, att de sätter ihop sina predikningar med sådan konst och vältalighet och blandar in denna okända lära om rättfärdiggörelse till den grad att man inte vet om man bör göra det goda eller låta bli. De predikar tron som något i människan inneboende gott och detta avskiljer de från kärlekens goda som de kallar en merit, och en sådan merit skulle av Gud icke erkännas. Då de som bo i East End och mer söderut hör sådant tal från predikstolen går de sin väg varpå predikanterna avskedas.

Den andra stora staden som också den kallas London, ligger inte i kristenhetens centrum utan längre åt norr. Till den staden destineras efter döden de som invärtes är lastbara.

Mitt i staden finns en tunnelförbindelse med helvetet, genom den absorberas med jämna mellanrum invånarna.

Engelsmän i den andliga världen har meddelat mig, att de har två teologier, en baserad på tron allena, en baserad på kärleken. Den förra omhuldas av prästerna, den senare av lekmännen, i synnerhet hos dem som bor i Skottland och i dess grannskap.

Tronallenadyrkarna vågar inte inlåta sig i strid med skottarna, ty dessa vet att bekämpa dem både med argument hämtade från Ordet och från förnuftet. Deras kärleksdoktrin kommer till uttryck varje söndag i den bön man läser i kyrkan i samband med nattvardsgången. I denna bön sägs uttryckligen ifrån att de störtar sig i evig fördömelse om de inte lever i kärlek sinsemellan och flyr det onda som synd — i annat fall skulle djävulen fara in i dem liksom han gjorde i Judas om de gick till den heliga nattvarden.

MARIA I VIT KLÄNNING

Här är ett anmärkningsvärt faktum.

Maria, Jesu moder, passerade en gång över mitt huvud, iförd vit klänning.

Hon stannade upp ett ögonblick och sade att hon hade varit Jesu moder, att hon hade fött honom. Men då han blivit gjord till Gud — quod factus Deus — avklädde han sig allt det mänskliga han hade från henne.

Nu tillbeder hon honom som sin Gud.

Hon vill inte att någon skall tala om honom som hennes son, ty allt i honom är gudomligt.

MUSLIMERNA

Muslimerna i den andliga världen bor västerut, i gränstrakterna strax bortom påvens anhängare.

Orsaken till att de har sin boning närmast de kristna är att de erkänner vår Herre som Guds Son och som den störste och visaste av alla profeter som kommit till jorden för att undervisa människorna.

Alla invånare i den andliga världen lever på det avstånd till de kristnas centrum som motsvarar deras tro på en Herren Gud. Ty denna tro förenar själarna med himlen och bestämmer avståndet till den höga punkt i öster där Herren är.

Muslimernas fientlighet gentemot de kristna beror först och främst på de kristnas tro på tre gudomliga personer och deras dyrkan av tre gudar som de uppfattar som tre skapare.

De romerska katolikerna tycker man illa om på grund av att de böjer knä framför bilder. De romerska katolikerna kallas avgudadyrkare och de övriga fanatiker. Muslimerna säger att de gör Gud trehövdad, och att de talar om en enda men mumlar tre. De splittrar den Allsmäktige och gör tre av en. Därför är de som fauner med tre horn, ett för varje gud och samtidigt tre för en. I enlighet härmed ber de sina böner, sjunger de sina psalmer och ger ljud ifrån sig på predikstolarna.

AFRIKANERNA — DE MEST INTELLIGENTA

I utkanten av den andliga världen vistas hedningarna som ingenting vetat om Herren. Allra längst ut bor avgudadyrkarna och de som tillbett sol och måne.

Men de som erkänner *en* Gud och håller de tio budorden och som gjort detta till religionens innehåll och därmed till en sak för livet, de kommunicerar direkt med de kristna i centrum, utan hinder från muslimer och påveanhängare.

Hedningarna skiljer sig från varandra allt efter läggning och förmåga att ta emot ljuset från Herren som passerar genom himlarna. Ty även bland dem finns olikheter vad gäller det inre omdömet — det beror dels på klimat, härkomst och uppfostran, dels på religion.

Afrikanerna har ett mer upplyst inre omdöme än de övriga.

Eftersom afrikanerna överträffar de andra i fråga om inre omdöme, har jag talat med dem om saker som kräver utforskning på högsta plan — helt nyligen om Gud, om Herren Återlösaren, vidare om den inre och yttre människan.

Eftersom de hade sin glädje i dessa samtal skall jag anföra något av vad de tack vare inre åskådning hade för uppfattning i dessa tre ämnen.

Om Gud, sade de, att han förvisso steg ned och lät sig

skådas av människorna, eftersom han är deras Skapare, Beskyddare och Ledare och eftersom människosläktet tillhör Honom. Han ser, granskar och ombesörjer allt och varje enskildhet i himlarna och i världarna. Han vill deras bästa, ty de är i Honom och Han i dem.

Orsaken är att Han och änglahimlens Sol är ett och detsamma. Den lyser lika högt över den andliga världen som jordens sol över den naturliga världen. Den som är Sol ser, granskar och ombesörjer allt i varje detalj som befinner sig där nedanför. Eftersom det är Hans Gudomliga Kärlek som lyser likt en sol, så följer därav att Han vårdar sig om den största som den minsta av sina skapelser, och åt människorna skänker han sin kärlek och sin vishet, kärleken genom solens värme, visheten genom dess ljus.

De sade att om vi gör oss en idé om Gud som Universums Sol så kommer vi förvisso att erkänna Honom som allestädes närvarande, allvetande, allsmäktig.

Det följande samtalet gällde Herren Frälsaren.

Man sade att Gud i sin essentia är Gudomlig Kärlek och att Gudomlig Kärlek är som den renaste eld. Och eftersom kärlek i sig inte har annat syfte än att förena sig med den andre som hon älskar, så har den Gudomliga Kärleken inget annat syfte än att förena sig med människan och människan med sig. Eftersom nu den Gudomliga Kärleken är som renaste eld, så är det klart att Gud — eftersom Han är sådan — inte kunde förena sig med människan ty då skulle hon gå upp i rök.

Eftersom Gud på grund av sitt väsen brann av kärlek efter att förena sig med människan, så blev det nödvändigt att Han insvepte sig i en kropp lämpad för denna förening. Alltså steg Han ned och antog människogestalt i enlighet med den ordning Han upprättat alltifrån världens skapelse, nämligen att Han skulle avlas genom den från Honom själv utgående kraften, bäras i livmoder och födas och därpå tillväxa i vishet och kärlek och sålunda närma sig en förening med sitt Gudomliga ursprung — så blev Gud människa och människan Gud.

Att det förhåller sig så, därom vittnar och lär med all tydlighet den skrift som de kristna har och som kallas Ordet, Gud själv som i sin människogestalt kallas Jesus Kristus, säger att Fadern är i honom och Han i Fadern och att den som ser Honom, ser Fadern med mera liknande.

Att Gud vars kärlek är som renaste eld inte på annat sätt kunde förena sig med människan — eller människan med Honom, det inser även förnuftet. Inte kan väl solens eld så som den är, vidröra människan eller gå in i henne om hon inte omger sina strålar med atmosfärer och så genom en tempererad värme gör sig mer lämpad härför. Inte kan väl den rena etern omge människan, än mindre komma in i hennes bronker och lungor om den inte först blandas med luft och anpassas. Inte kan väl fisken leva i luft — den måste ha ett element avpassat för dess liv. Inte kan väl en kung på jorden i egen person ombesörja allt och varje detalj i sitt rike. Han måste ha ämbetsmän, högre och lägre, som tillsammans utgör hans kropp. Inte heller kan en människas själ visa sig inför en annan, börja umgås med vederbörande och ge bevis på sin kärlek — om det inte sker genom kroppen.

Huru skulle då Gud — om inte genom sin människogestalt som är Hans egen kropp?

När afrikanerna hörde detta förstod de det bättre än andra eftersom de i sitt inre hade mer förnuft. Var och en av dem yttrade sitt bifall till det sagda alltefter graden av uppfattningsförmåga.

Slutligen samtalade vi om den inre och den yttre människan.

Man sade att människor som i sitt inre uppfattar tingen befinner sig i sanningens ljus som är himlens ljus. Människor som uppfattar tingen på ett yttre — ytligt — vis befinner sig inte i något sanningsljus utan bara i världens ljus. Människor med ett inre omdöme har intelligens och vishet, de ytliga däremot är galna och i sitt förstånd bakvända.

Människor med ett inre omdöme är andliga eftersom de tänker utifrån en ande upphöjd över kroppen — därför ser de sanningar i ljuset. De ytliga däremot är sensuella, sinnliga, eftersom basen för deras tänkande är kroppens sinnen som ju är bedrägliga — därför ser de sanningar som i en dimma och när de överväger dem, uppfattar de lögner som sanningar.

Människor med ett inre omdöme liknar dem som står högt uppe på ett berg i ett slättland eller uppe på ett torn i en stad eller uppe i ett fyrtorn ute på havet. De ytliga däremot — sådana som befinner sig i en dalgång nedanför ett berg eller djupt nere i en krypta under ett torn eller i en båt nedanför ett fyrtorn, de kan bara se det allra närmaste.

Människor med ett inre omdöme liknar dem som bor på andra eller tredje våningen i ett hus eller i ett palats — väggarna är sammanhängande fönster av kristallklart glas, de ser vida omkring i staden och känner igen varenda liten gård där. Men de ytliga liknar dem som bor i källarvåningen — fönstren har hopklistrade papper i stället för glas, de ser inte ens gatan utanför, de ser bara vad som finns inomhus, och det under förutsättning av vaxljus eller skenet från härden.

Människor med ett inre omdöme är som örnar högt uppe i luften — de ser allt under sig vida omkring. De ytliga däremot liknar tuppar som stående på en huggkubbe gal med hög röst för hönorna som spatserar på marken.

Dessutom — människor med ett inre omdöme har klart för sig att vad de vet står i samma förhållande till det de inte vet som vattnet i en kruka till vattnet i en sjö. De ytliga däremot inbillar sig veta allt.

Afrikanerna gladde sig åt det som här blivit sagt — med sin mäktiga inre synkraft såg de att allt sannerligen förhöll sig på detta sätt.

Då afrikanerna är sådana sker hos dem idag en uppenbarelse som från sitt centrum sprider sig runt omkring, dock inte ända fram till haven.

De föraktar nykomlingarna från Europa som tror att människan blir salig genom tron allena, dvs genom vad man tänker och talar, icke genom vad man vill och gör.

Afrikanerna säger också att om en människa har en religion men inte *lever* i enlighet med denna, så blir vederbörande dum och dålig eftersom hon då inte tar emot någonting från himlen.

Illasinnad slughet, hur smart den är, kallar de dumhet, eftersom det inte finns något liv i den, bara död.

Jag har flera gånger talat med Augustinus som på 300-talet var biskop i Hippo i Afrika. Han sade att han idag är där och inspirerar dem till att dyrka Herren. Han hoppas att detta nya evangelium skall sprida sig i de omgivande regionerna.

Jag har hört hur änglarna gläder sig åt detta besked eftersom det öppnar möjligheten för dem att kommunicera med det mänskliga förnuftet — hittills har den möjligheten saknats på grund av den universella dogmen om intellektets lydnadsförhållande under kyrklig tro.

JUDARNA OCH DET HEBREISKA SPRÅKET

I den andliga världen driver judarna handel, precis som på jorden. De gör affärer med diverse varor, i synnerhet med ädelstenar som de på okända vägar förskaffar sig från himlen där det finns ädelstenar i mängder.

Att de handlar med ädelstenar hänger samman med att de läser Ordet på originalspråket och håller dess bokstavliga innebörd för helig. Ädla stenar motsvarar nämligen bokstavsbetydelsen.

Det andliga upphovet till dessa ädelstenar är just Ordets bokstavsbetydelse.

De kan också tillverka similistenar och ge dem sken av att vara äkta. Men för detta blir de strängt bestraffade av sina föreståndare.

FIENTLIGT GNY – OCH SILENTIUM

Jag hörde ett fientligt gny nedifrån helvetena och samtidigt röster:

– Gör underverk och vi skall tro.

Jag sade:

– Är inte dessa hemligheter som jag uttytt underverk?

De svarade:

– Nej, det är de inte.

Jag frågade:

– Vad för slags underverk menar ni?

– Avslöja kommande händelser, så skall vi tro, svarade de.

Men jag sade:

– Sådant tillåter inte Herren, ty om människan känner framtiden så kommer hennes intellekt och försiktighet och visdom att förslöas och förlamas. Säg vilka andra underverk ni vill ha?

Då ropade de:

– Gör samma som Moses gjorde i Egypten.

Jag svarade:

– Förmodligen skulle ni förhärda era hjärtan precis som Farao och egyptierna gjorde.

– Nej, skrek de.

– Då måste ni garantera, fortsatte jag, att ni inte skall

dansa kring guldkalven och tillbe den som Jakobs barn gjorde en månad efter det att de hade sett hela berget Sinai brinna och hört Jehova tala från elden — dvs efter att ha sett det allra största underverk. (Guldkalven betyder i sin andliga innebörd köttets lusta.)

Svaret kom från helvetena:

— Vi vill inte vara som Jakobs barn.

Men då hördes en röst från himlen:

— Om ni inte tror Moses och profeterna, dvs Herrens Ord, så kommer ni heller inte att tro på under mer än Jakobs barn gjorde i öknen. Och inte mer än de trodde, som med egna ögon fick se de under Herren själv gjorde medan han var på jorden.

Därefter såg jag några komma upp ur helvetena, varifrån ropen tidigare hade hörts. De tilltalade mig i en barsk ton:

— Hur kan det komma sig att din Herre uppenbarat sina hemligheter inför dig som är en lekman och inte för någon av prästerskapet?

På det svarade jag att det hade behagat Herren att göra så — han hade alltifrån min tidiga barndom förberett mig för detta.

— Men, fortsatte jag, tillåt mig att ställa en motfråga, *hur kunde det komma sig att Herren, medan han var på jorden, till lärjungar valde några fiskare men inga lagkloka, skriftlärda, präster eller rabbiner?* Ventilera mellan er den frågan och dra slutsatser med ert förstånd och ni kommer att inse orsaken.

När de hade hört detta uppstod ett mummel. Därefter — silentium.

Carl-Göran Ekerwald

EFTERORD

EFTERORD

''Even so my Sun one early morn did shine,
With all triumphant splendour on my brow''

(*Shakespeare, Sonnet 33*)

Sista gången som Swedenborg vistades hemma i Sverige var på våren 1770. Han bodde på sin gård på Söder i Stockholm, nuvarande Hornsgatan 41-45. Han arbetade på det han kallade ''den universella teologin''. Det skulle bli hans sista verk. Han var åttiotvå år gammal.

Den 19 juni var boken färdig i manuskript, mer än tusen sidor på latin, om människans villkor på jorden och på ''andra sidan''.

Han avreste med båt från Dalarö med destination Amsterdam, där boken skulle tryckas. Han stannade i Öresund och hälsade på hos general Christian Tuxen, inspektör vid tullstationen i Helsingör. Han lät ro sig i land och åt middag i familjen. När Tuxen beklagade sig över att han som sällskap vid bordet bara kunde erbjuda sin sjuka hustru och sina unga döttrar, sade han:

— Är inte det ett utmärkt sällskap? Jag har alltid tyckt om att vara tillsammans med kvinnor.

Tuxen hade tidigare tagit kontakt med Swedenborg av en alldeles speciell anledning — han fruktade nämligen att döden skulle innebära total förintelse, en tanke som gjorde honom förtvivlad. Swedenborg kunde ge honom lugnande besked.

I Amsterdam träffade Swedenborg överenskommelse

med tryckeriet. Bokens titel skulle vara ''Vera Christiana Religio — Den sanna Kristna Religionen''. Han blev kvar i Holland ett helt år.

Från Amsterdam begav sig Swedenborg till London. Liksom han gjort några år tidigare hyrde han in sig hos perukmakaren Richard Shearsmith. Adressen var nr 26 Coldbath Fields — huset låg i kvarter som försvann under bombningarna hösten 1940.

Swedenborg bodde alltså på höjden Clerkenwell, där Metropolitan Water Board idag håller till — Clerkenwell betyder Prästkällan. Man stiger av vid tunnelstationen ''Angel'' — vad kunde vara mer passande?

Här bodde nu Swedenborg sista året av sitt liv. I R.L. Tafels dokumentsamling beträffande Swedenborg, som kom 1839, finns flera samtida vittnesbörd om hans förhållanden återgivna.

Tavernan King's Arms i Clerkenwell drevs av svensken Bergström som berättar:

> Jag var personligen bekant med assessor Swedenborg. Han besökte mig ofta och en gång bodde han under tio veckor hos mig i detta hus. Därvid iakttog jag hos honom enbart vad som vittnade om gott förstånd och gentlemannamässigt uppträdande. Han drack kaffe till frukost, åt måttligt till middagen, drack ett eller två glas vin efteråt men aldrig mer. På eftermiddagen te. Aldrig kvällsmat. Efter frukosten brukade han promenera. Han var för det mesta snyggt klädd i sammet. Han levde tillbakadraget men var mot andra tillmötesgående.

Apotekaren Henry Peckitt på Old Compton Street som kunde både arabiska och hebreiska och hade studerat Böhme och Mme Guyon berättade om Swedenborg:

> He had no books, no, not so much as a directory. . . inga böcker, inte ens en adresskalender.

Christoffer Springer — en från Sverige förrymd livstidsfånge med vilken Swedenborg tidigare sammanbott i London berättade:

Han var en mycket pålitlig vän, ytterst anspråkslös i sin diet och enkelt klädd. Han levde på kaffe och smörgås, lite fisk — kött åt han sällan. Vin drack han, men aldrig mer än två glas åt gången.

Perukmakarens piga vittnade:

En gång åt han en duvpastej.

Perukmakaren som hade Swedenborg inneboende hos sig avgav ett skriftligt vittnesmål där han försäkrade:

Att den nu avlidne välborne Emanuel Swedenborg kom och begärde husrum för andra gången i fastigheten nr 26 Coldbath Fields i månaden juli eller augusti år 1771 och att han där fortsatte att bo till sin död som inträffade den 29 mars följande år.

Att han strax före jul 1771 drabbades av slaganfall och miste talförmågan. Under tre veckor och mer låg han i ett dvalliknande tillstånd. Under hela denna tid intog han ingen föda bortsett från litet mjölk och tillfälligtvis litet kallt vatten. Och en gång ungefär två teskedar vinbärsgelé.

Att han efter ungefär tre veckor återfick talförmågan och att han då blev en smula bättre och som vanligt åt kaffe, te och rostat bröd.

Att han under denna tid fram till sin död mottog ytterst få vänner och alltid tycktes ovillig att ta emot besök. . .

Att han fjorton dagar eller tre veckor före sin bortgång mottog nattvarden liggande till sängs och det av en utländsk prästman, samt att han in i det sista bibehöll ett gott förstånd, gott minne och god fattningsförmåga.

Att han klockan fem den 29 mars frågade Mrs

Shearsmith, som då satt vid hans säng, vad klockan var, varpå han — när de sade honom att klockan var omkring fem — yttrade: ''Dat be good, me thank you, God bless you'', eller något liknande. Ungefär tio minuter senare suckade han djupt och avled lugnt och stilla.

Den utländske prästmannen var pastor Ferelius vid Svenska kyrkan i London, son till en färgare i Mariestad. Det var också han som förrättade jordfästningen som ägde rum den femte april i Ulrika Eleonorakyrkan i London.

Ferelius berättar en sak han lagt märke till hemma hos Swedenborg:

Hans hela bibliotek var den Hebreiska Bibeln.

Swedenborg hade bland sina vänner också en engelsk prästman, Rev. Thomas Hartley, bosatt i East Malling nära Maidstone, Kent. Hartley var tjugo år yngre än Swedenborg. Han hade översatt till engelska ett av hans verk — om förbindelsen själ-kropp, tillkommet med anledning av en fråga från Kant. Hartley hälsade på Swedenborg och ordnade också så att han fick konsultera läkare. I ett brev skrev Hartley:

Jag träffade honom just när han hade drabbbats av sin sista sjukdom. Jag frågade om han precis som förr fortfarande vederkvicktes av umgänge med änglar, och han svarade att så var fallet.

Hartley hade sommaren 1769 bett Swedenborg lämna biografiska uppgifter om sig själv — de kunde komma till användning om någon illasinnad person i England spred förtal mot honom.

Swedenborgs svar återges i det följande — dock är att märka att han själv felaktigt angett sitt födelseår till 1689 i stället för 1688.

Jag är född i Stockholm den 29 januari 1689. Min fars namn var Jesper Swedberg. Han var biskop över Västergötland och på sin tid en berömd man. Han var också ledamot av Engelska missionssällskapet, ty han hade av kung Karl XII utnämnts till biskop över de svenska församlingarna i Pennsylvania och över den i London.

År 1710 reste jag utomlands. Först till England, sedan till Holland, Frankrike och Tyskland. Jag återvände hem 1714.

Under år 1716 men också senare hade jag många samtal med Karl XII, Sveriges kung, som i hög grad gynnade mig och som samma år erbjöd mig att bli assessor i Bergskollegium, en uppgift som jag fullföljde fram till 1747 då jag lämnade den — ehuru med bibehållande av lönen för resten av mitt liv.

Mitt enda skäl för att lämna in avskedsansökan var att jag måtte få mera tid att ägna mig åt den uppgift som Herren kallat mig till. En ännu högre ärespost erbjöds mig då — men jag tackade nej för att inte mitt hjärta skulle fyllas med stolthet.

År 1719 blev jag adlad av drottning Ulrika Eleonora och erhöll namnet Swedenborg. Från den tiden har jag säte i riksdagen bland adelsmännen.

Jag är ledamot, särskilt kallad, av kungliga Vetenskapsakademien i Stockholm. Men jag har aldrig sökt inträde i något litterärt samfund på annan ort, *eftersom jag tillhör ett samfund av änglar* där det enda ämnet för överläggningar avser ting som gäller himlen och själen medan litterära samfund enbart debatterar världen och kroppen.

År 1734 publicerade jag i Leipzig ''Regnum Minerale'' i tre volymer folio.

År 1738 företog jag en resa till Italien och stannade ett år i Venedig och Rom.

Vad beträffar mina familjeförhållanden så har jag fyra systrar. En blev gift med Erik Benzelius som så småningom blev ärkebiskop i Uppsala och genom honom är jag släkt med de två följande ärkebiskoparna som båda tillhörde familjen Benzelius och var yngre bröder till Erik.

Min andra syster blev gift med Lars Benzelstierna som blev landshövding — men dessa två är döda.

Emellertid lever fortfarande två biskopar som är släkt med mig. En av dem är Filenius, biskop över Östergötland, han är för närvarande prästeståndets talman i riksdagen medan ärkebiskopen som annars sköter den befattningen är invalidiserad. Filenius är gift med min systerdotter. Den andre, Benzelstierna, är biskop över Västmanland och Dalarna — han är son till min andra syster. För att nu inte nämna andra släktingar som erhållit hedrande uppdrag.

Dessutom är det så att alla biskopar i mitt land — de är tio till antalet — liksom även de sexton rådsmedlemmarna och de övriga högsta ämbetsmännen allesammans känner tillgivenhet för mig. På grund av denna tillgivenhet hedrar de mig och jag umgås med dem familjärt som en vän bland vänner.

Orsaken härtill är att de vet att jag befinner mig i änglars sällskap.

Också kungen och drottningen och prinsarna — deras tre söner — visar mig sin ynnest. En gång blev jag bjuden av kungen och drottningen att äta vid deras bord, en ära som i allmänhet bara tillkommer de allra främsta ämbetsmännen. Därefter visade mig kronprinsen samma ynnest. Alla önskar de att jag återvänder hem.

Jag är alltså i mitt eget land långt ifrån att drabbas av den förföljelse som Ni fruktar och som Ni i Ert brev så vänligt söker förebygga. Om man annorstädes söker förfölja mig, så gör det mig ingen skada.

Men allt detta som jag här redogjort för är i mina ögon av ringa betydelse. Det överskuggas helt av den omständigheten att jag kallats till ett heligt ämbete av Herren Själv som i nåd visade sig för mig, Hans tjänare, år 1743, och då öppnade mina ögon för den andliga världen och gav mig förmåga att tala med andar och änglar — i vilket tillstånd jag alltsedan dess befunnit mig ända fram till denna dag.

Allt ifrån den tiden har jag låtit trycka och publicera de olika hemligheter jag fått skåda eller som avslöjats för mig angående Himmel och Helvete, människans tillstånd efter döden, rätt Gudsdyrkan, Ordets andliga innebörd förutom många andra högst angelägna ting, befordrande frälsning och vishet. Enda anledningen till mina utlandsresor har varit en önskan om att få vara till nytta och att sprida kunskap om de hemligheter som anförtrotts mig. Dessutom har jag så mycket av denna världens goda som jag behöver. Jag varken eftersträvar eller önskar mig mera.

Ert brev har kommit mig att nedteckna dessa enskildheter för att, som Ni säger, ''därigenom undanröja vanföreställningar''.

Farväl. Jag önskar Er av allt hjärta välsignelse både i denna värld och i nästa — något som jag inte hyser ringaste tvivel om att Ni skall uppnå om Ni bara ser till Vår Herre och ber till Honom.

Eman. Swedenborg

Vad man fäster sig vid i detta nyktert redovisande brev är de två avsnitt där Swedenborg som den mest naturliga sak i världen berättar att han ''tillhör ett samfund av änglar''. Det omnämns här liksom på flera ställen i andra sammanhang med en påfallande fasthet — med en ''sincerity'' — som gör det helt klart att Swedenborg själv varit övertygad om sanningen i detta förhållande.

Vara synsk

Det var Kant som gav Swedenborg benämningen ''andeskådare''. Han hade i tidningspressen uppmärksammat en märklig, noggrant verifierad händelse Göteborg juli 1759. En lördagseftermiddag klockan fyra infann sig Swedenborg på middag hos en herr William Castel i sällskap med fjorton andra gäster. Vid sextiden reste sig Swedenborg upprörd och gick ut. Han kom strax åter och berättade att en eldsvåda utbrutit på Söder i Stockholm och att hans egen fastighet vid Hornsgatan hotades. Så gick han ut på nytt. Återkom så småningom och meddelade att ''Gud ske lov'' så hade man lyckats släcka elden. Klockan var då åtta på kvällen.

Saken ansågs så anmärkningsvärd att den rapporterades till landshövdingen som på söndagsmorgonen kallade till sig Swedenborg och bad honom redogöra för vad han hade sett.

På måndagskvällen kom en stafett utsänd från en handelsfirma i Stockholm — han rapporterade om branden på ett sätt som i alla avseenden stämde med Swedenborgs utsagor.

På tisdagen anlände en kurir från hovet till landshövdingen i Göteborg och lämnade motsvarande besked.

Det kallas att vara ''synsk'' — att på ett avstånd av femtio mil kunna ''se'' en eldsvåda.

Kant sände en engelsman som han kände, ''einen feinen Mann'' vid namn Green, till Stockholm och till Göteborg för att undersöka sanningshalten i det inträffade och att dessutom sammanträffa med Swedenborg. Alla uppgifter blev bekräftade och i ett brev till fröken Charlotte von Knobloch, ''eine ehrvolle Matrone'', daterat den 10 augusti 1763, kan man tydligt utläsa den häpnad Kant känner inför händelsen i fråga och den respekt som ''andeskådaren'' uppväcker hos honom. I brevet refererar han sin vän:

> Han har icke endast samtalat med herr Swedenborg utan också besökt honom i hans hem och är högst förvånad över hela denna underbara sak. Swedenborg är en förnuftig, angenäm och öppenhjärtig person. — ein vernünftiger, gefälliger und offenherziger Mann — han är en lärd man, och min omtalade vän har lovat att inom kort sända mig några av hans skrifter. Han (Swedenborg) sade utan förbehåll att Gud hade givit honom den underbara egenskapen att efter eget gottfinnande umgås med de avlidnas andar. Han åberopade flera allmänt kända bevis. När han blev påmind om mitt brev, svarade han att han upptagit det väl och redan skulle ha besvarat det om han inte hade föresatt sig att offentligt framlägga den underbara saken för världens ögon. Han skulle i maj i år bege sig till London där han skulle ge ut sin bok, i vilken även svaret på mitt brev i alla dess paragrafer skulle stå att finna. . . Följande händelse synes mig emellertid ha den största beviskraften bland alla och berövar varje upptänkligt tvivel dess kryphål.

Och så följer Kants redogörelse för Swedenborgs syn i Göteborg.

Att Kant senare kom att inta en kritisk hållning till Swedenborg är en annan historia — eldsvådan i Stockholm som med fullständig samtidighet rapporterades i Göteborg förblev för Kant ett faktum.

Soedattet

Att en människa kan vara synsk så som Swedenborg var det, det är i folktron en erkänd sak.

Att någon samtalar med de döda — därom gäller detsamma.

Bland samerna har man ett särskilt ord för denna förbindelse — den kallas ''soedattet'', tala med de döda. I den kulturkretsen har ''soedattet'' varit institutionaliserat som ett sätt att få goda råd i en brydsam situation.

Hamlet talar med sin far. I isländska sagor återfinns motsvarande scener. Jan Fridegård berättar att han hade kontakt både med sin far och sin syster. Systern hade rent av dikterat för honom vad han skulle skriva. Med fadern hade han konverserat genom en leksakstrumpet.

Det finns ingen anledning att här göra en katalog över liknande förbindelser. Hur trovärdiga de är får var och en avgöra på egen hand. För tydlighetens skull nöjer jag mig med ett talande exempel.

Den franske romanförfattaren François Mauriac avled i juli 1972. Hans son, Claude Mauriac, publicerade tre år senare sina dagboksanteckningar under titeln ''Les espaces imaginaires'' — på svenska ''imaginära avstånd'', dvs inbillade distanser — det är texter som går tillbaka till 1930-talet.

Om förhållandet far-son finns några rader från den 15 januari 1965 som många kan känna igen sig i:

> Ju mer vi älskar någon, desto mer lider vi av att inte kunna upprätta riktig kontakt med vederbörande. . . Det gäller i synnerhet mitt förhållande

> till pappa. . . Jag älskar honom intensivt — och hopplöst. . . Kontakten mellan oss är aldrig annat än flyktig och bristfällig.

Känslan av distans skymtar också i en anteckning från september 1937:

> Just som jag lämnar tunnelbanestationen vid Rond-Point stöter jag på pappa. . . Han förefaller trött men lycklig. En liten portfölj under armen kom honom att se ut som en affärsman.

Men drygt ett år efter faderns bortgång låter det plötsligt annorlunda — den 29 november 1973:

> Jag har verklig kontakt med pappa först nu när han har gått bort.

Vilken art av förbindelse det är fråga om, säger han inte. Det finns skilda grader, alltifrån att tänka på en person och i sitt minne plötsligt tycka sig se vederbörande osynligt närvarande, över till en situation där det verkar förekomma en form av tyst meningsutbyte. Baron Hermelin t ex berättar om den döde som i en dröm visar sig för en anhörig och framför en varning — sluta upp att gnata på din hustru. . . det ger mig sådana plågor. . .

Skulle detta tal om förbindelser med de döda te sig som rena vidskepelsen och på den grund avvisas som nonsens, då förbiser man möjligheten av att detta tal helt enkelt är ett slags inre dialog där den ena parten — i ens föreställningsvärld ofrivilligt — ikläder sig en kär anförvants skepnad. De föreställningar och tankar som väcks inom mig och som är praktiskt användbara eller som förbättrar mitt humör — vad gör det för skillnad om jag hämtat dem från ett stycke musik, en målning, en bok eller från en inre dialog där motparten påminner om en avliden släkting. ''Andar'' klampar inte omkring i skor och stövlar, smäller inte i dörrar, slamrar inte med kniv och gaffel — de är gjorda av samma subtila materia som våra tankar. Att bli tilltalad av de döda är i vår civilisation någonting av det mest alldagliga — det sker var gång vi läser en text skriven av en nu avliden författare och därav plötsligt känner oss träffade. Det är ingen död text längre. Författaren är död, men det han skrev har fortfarande liv i sig, påverkar oss, är i själva verket en realitet som har sina konsekvenser ännu efter hundra eller tusen år.

Det är möjligt att det ytterst handlar om läsarens förmåga till intensiv uppmärksamhet och koncentration — i ett bestämt ögonblick skymtar en gestalt. Eller säg i varje fall att en distinkt röst gör sig hörbar. Vem tillhör den? Är det Cicero? Är det Augustinus?

Swedenborg hade en utomordentligt högt uvecklad förmåga att läsa innantill. Det är inte så att han medvetet inbillar sig se författaren till den lästa texten visa sig, han fantiserar inte. Det är inte frågan om något självbedrägeri. Ordet hallucination är inte på sin plats. — Det är helt enkelt så att en vital text hos den uppmärksamme läsaren uppväcker de döda och kommer dem att te sig helt närvarande — inte fysiskt påtagliga men i ens tankevärld eftertryckligt närvarande. Swedenborg är verkligen i sällskap med Cicero och Augustinus.

Analfabeterna kan naturligtvis inte förstå en sådan sak. Inte heller de som aldrig i sina liv stött på en text som de tyckt om, hängivet, och läst, rad för rad, ord för ord, med intensivt deltagande.

När Swedenborg säger att han under ett helt år samtalat med Paulus, så är det inte med någon fantasibild han samtalat, det är den verklige Paulus det är fråga om — nämligen så som han stiger fram ur sina egna texter och blir levande. Han är "ande".

Det är t ex påfallande hur Swedenborg aldrig anger några detaljer om utseende eller gester hos dem han träffar från andra sidan. Vilken ögonfärg hade Augustinus? Hur var

Luthers händer, stora och grova eller fina? Och Jesu moder Maria — han fick ju träffa henne och tala med henne, men inte ett ord om ansiktsdragen hos denna judinna.

Nej, det är de avlidnas andliga väsen som upptar honom, deras tänkesätt, deras sympatier. Swedenborg lägger egentligen ingen vikt vid det ''personliga'' — den under läsningen levandegjorda texten och dess budskap är det centrala.

Det är också anmärkningsvärt hur andarna egentligen bara har några ytterst få samtalsämnen i sitt umgänge med Swedenborg. De talar om det han vill höra — att vi alla redan lever i evigheten, att det är våra inre böjelser som dirigerar våra öden, att egenkärleken är helvetet, att lusten att göra nytta för andra är paradiset, att människans liv är hennes kärlek, att bibelordet är Guds röst.

Utgångspunkten kunde uttryckas med en versrad ur Koranen — Emerson citerar den i inledningen till sin Swedenborgessay — ''tror ni att vi skapat himmel och jord som ett skämt bara. . . på skoj. . . och att ni inte skall återvända till oss?''

Utifrån den tanken följer sedan grundritningen till universum.

Fortsättningstanken

Grundritningen återfinns i den universella teologin, dvs i Swedenborgs sista arbete, ''Den sanna kristna religionen''. Boken fanns till salu i London i juli 1771 — på latin. Den engelska översättningen kom 1781, en andra upplaga 1786.

På tyska kom verket 1784 — en annan utgåva kom 1795 ut i Basel. På svenska — också 1795, i pastor Odhners översättning.

''Vera Christiana Religio — Den sanna kristna religionen'' är Swedenborgs mest spridda och lästa verk. Coleridge läste det och Blake, Emerson, Joyce, Ezra Pound; i Tyskland

Goethe, Schelling, Hamann, Lichtenberg, i Frankrike Balzac, Fourier, Nerval och Baudelaire, i Sydamerika Borges. Och hos oss Almquist, Strindberg och Vilhelm Ekelund.

Om man med ryktbarhet menar ett avgörande inflytande på människors idéer och föreställningsvärld, då finns det bara ett svenskt namn som kan komma i fråga, och det är Emanuel Swedenborg. Den sanna kristna religionen finns översatt till sjutton språk.

Samtliga de i den här boken ingående minnesanteckningarna från himlar och helveten är hämtade från Vera Christiana Religio, band I och II, utgiven i New York 1906, innehållande originaltexten på latin från Amsterdamutgåvan. Stilen är mycket torr och nykter. Swedenborgs ideal var vad han kallar ''clara verba'', dvs tydlighet och precision är oeftergivliga krav. För tydlighetens skull går han till överdrift åt det omständliga hållet. Han är närmast pedantiskt omsorgsfull i syfte att undgå alla tänkbara missförstånd.

Swedenborg led av ganska svår stamning — det är möjligt att den överdrivna tydligheten i hans text är ett slags omedveten kompensation för hans relativa svårighet att muntligt göra sig förstådd.

Stilen är aldrig raffinerad. Man kan nästan säga att den har ett barnsligt drag. Även en person med blygsamma kunskaper i latin orienterar sig lätt i Swedenborgs text. Innebörden av sådana begrepp som ''intelligentia'', ''ratio'', ''perceptio'' osv är helt moderna och stämmer med det vi inlägger i orden.

Ibland förekommer ett vädjande ''mi amice'', ''min vän'' och vid sådana tillfällen lämnar han det teoretiska systembygget och ber oss besinna oss. ''At mi amice, fuge malum, et fac bonum et crede in Dominum ex toto corde tua. . . men min vän, fly det dåliga och gör gott och tro på Herren av hela hjärtat ditt. . .'' Det är ett slags summa summarum.

Ibland använder han uttrycket ''du min läsare. . . mi lector''. Så heter det t ex på ett ställe där Swedenborg ställer sig själv helt i bakgrunden, ''Sed mi lector, ne crede conciliis sed sancto Verbo. . . men du min läsare, tro inte några rådgivare — egentligen 'råd', givna av medlare nämligen — men bibelordet. . . ''

Swedenborg kallar sig på titelbladet ''Herren Jesu Kristi tjänare'' och det finns i boken inga inslag av stolthet eller överlägsenhet. Han är inte ute efter att vinna proselyter. Han gör sig inte märkvärdig. Denna förmåga som han fått att ha daglig kontakt med andar, med änglar och djävlar, det är någonting som han alls inte eftersträvat. Det är en gåva han fått helt oförskyllt.

Han redogör nyktert för vad han sett och hört — och det råder inga tvivel om att den som nedtecknar dessa minnesanteckningar är lycklig över vad som vederfarits honom. Det finns en upptäckarglädje, en nyfikenhet som gång på gång blir tillfredsställd.

Vilhelm Ekelund talar om hans ''halvgudslycka''. Ekelund läste Swedenborg i Hou, två mil öster om Aalborg, medan han botade sin lungsot. ''Hur maktlöst ligger inte det nedriga och onda'', när man läser Swedenborg, säger han. Där finns en intellektuell lycka ''som bedövar egoismen''.

Likgiltighet, cynism, trötthet — inför Swedenborgs texter ter sig dessa tillstånd perversa och morbida. De tänkesätt han ger uttryck åt är helt förknippade med idén om fortsättning — vi lever redan i evigheten, livet är ingen parentes, allt har en betydelse som sträcker sig ut i det oändliga.

Det är möjligt att hans läsekrets omfattar några särskilt behövande. Andra kan kalla honom — som Martin Lamm — ''en mekanikerhjärna'' som inte har någon ''andlig medicin'' att erbjuda.

Men inte har det varit någon ''mekanik'' som intresserat Blake, Goethe, Balzac och Baudelaire och övriga Swedenborgsläsare.

Korrespondensen

Sista kvarteret på Skeppsbron i Stockholm heter Akilles, och som en minnesplatta i nr 48 anger, bodde Carl von Linné ett tag just i det huset — fast det blivit något påbyggt upptill sedan den tiden. När Linné blev utnämnd till professor och flyttade till Uppsala, överlät han sin lägenhet till Emanuel Swedenborg som kom att bo där under åren 1741-43.

Busshållplatsen utanför huset heter Räntmästartrappan. Utsikten är vid över Saltsjön.

Det var här Swedenborg avslutade sitt naturvetenskapliga författarskap med en rad avhandlingar om hur skelettet bildas på fosterstadiet, om det ''röda blodets'' sammansättning, om kroppens anatomi, om hjärnan — han betonar hjärnbarkens avgörande betydelse — och om själen.

Han hade just blivit invald i Vetenskapsakademin och planerade en universell naturlära som skulle omfatta sjutton volymer. Under titeln Regnum animale — Det animaliska livets rike — publicerades i Haag 1743 två volymer om sammanlagt sjuhundra sidor. Hans uppmärksamhet hade gradvis flyttats över från den direkt obducerbara verkligheten till själsförnimmelsernas sektor.

Och i Regnum animale — tillkommet något år före steget ut i andeskådarens forskningsområde — finns redan införd som en not en skiss till den världsbild som Swedenborg längre fram kom att i detalj beskriva.

> Vad beträffar vår lära om representativa och korresponderande egenskaper är vår avsikt att behandla dels dessa symboliska och typmässiga likheter, dels

de överraskande fenomen som inte enbart uppträder i den levande kroppen utan också överallt i hela naturen och som så fullkomligt motsvarar (korresponderar med) höga och andliga ting att man kunde svära på att den fysiska verkligheten helt enkelt utgjorde en symbol för den andliga världen — symbolicum Mundi spiritualis — och det till den grad att om vi valde att uttrycka en naturlig sanning, vilken som helst, i fysiska termer och sedan bytte ut dessa termer med de därmed överensstämmande — korresponderande — andliga termerna, så skulle vi härigenom få fram en andlig sanning eller en teologisk dogm och det trots att ingen dödlig skulle ha kunnat förutse något sådant, allrahelst som den ena sanningen betraktad isolerad för sig inte tycks ha den ringaste förbindelse med den på det andra planet gällande sanningen. Jag har för avsikt att redovisa en rad exempel på sådana motsvarigheter tillsammans med ett lexikon innehållande orden för andliga ting och samtidigt orden för de fysiska fenomen som de ersätter.

Som Emerson påpekar i sin Swedenborgessay har Swedenborg här teoretiskt formulerat principen för all verklig poesi, för allegorier, för fabler, ja för allt emblematiskt. Men, tillägger Emerson, poeterna ''leker'' med dessa symboler medan Swedenborg gör en fullständig vetenskap av dem och det på ett sätt som Platon, Aristoteles och Plotinos som också de ägnat symbolerna uppmärksamhet, aldrig kommit i närheten av. Hela världen blir till en gigantisk bilderbok där varje ting symboliserar ett i den andliga världen existerande ting.

Det lexikon som Swedenborg talar om förverkligades i de åtta volymerna Arcana Coelestia — Himmelska hemligheter — som han lät publicera hos John Lewis, Paternoster-

Row, London, under åren 1747-1758. Här tolkas på över fyra tusen sidor Första Mosebok så att det allegoriska, ''andliga'', innehållet träder fram ur det historiska. Tabernaklet som Moses ställde upp i öknen representerar himmelriket. Tabernaklets tygförhängen och pelare representerar själva ordalydelsen i bibeltexten. Simsons styrka satt i hans hår — håret representerar eller korresponderar med intelligens upplyst av gudomlig sanning. . . osv.

Där sympatin ersätter hästkrafterna

Vill man orientera sig i Swedenborgs tänkesätt kan man med fördel börja med hans alldeles speciella geografi.

Vi lever i en fysisk verklighet, i ett fysiskt närvarande universum som Swedenborg kallar ''den naturliga världen''.

Vi föds till den världen och vi dör bort ifrån den. Samtidigt vistas vi — oss själva ovetande — i den andliga världen.

Denna andliga värld har väderstreck och klimatzoner precis som den naturliga. Också där finns rymd och avstånd. Men om det här på jorden krävs hästkrafter för att flytta oss på längre avstånd från en plats till en annan, så sker den resan i den andliga världen med hjälp av våra sympatier och böjelser. Och det går snabbt. Det går med tankens hastighet.

Om jag t ex med hätskhet tänker på mina grannar, då har jag i samma stund närmat mig en viss zon i den andliga världen, där jag trätt i förbindelse med sataner och djävlar. Om jag eftersträvar att hjälpa min nästa och göra en smula nytta — då har jag strax rest till en helt annan zon, med helt andra förbindelser.

Varje människa har sin dominerande kärlek, sin dominerande böjelse. Och det är denna kärlek som bestämmer tankarnas innehåll. Vi tänker det vi *vill* tänka, säger Swedenborg. Böjelsen, sympatin, kärleken går i en bestämd riktning och kommer att väcka till liv en rad föreställningar — dessa föreställningar utgör den andliga världens terräng och uppsättning av inventarier och har samma fakticitet, om inte en ännu större fakticitet, jämfört med den fysiska geografin.

Den andliga världen omger och genomtränger den fysiska verkligheten på skilda plan. Det finns t ex ett naturligt, fysiskt påtagligt, materiellt Stockholm. Men det finns också ett andligt Stockholm — exakt likt det materiella vad gäller stadsplan och terrängförhållanden, och detta andliga Stockholm antar allt efter den omedvetne resenärens böjelser skiftande karaktär, mer åt det helvetiska hållet eller mer åt det himmelska.

När stockholmaren dör lämnar han eller hon definitivt det jordiska Stockholm och vaknar upp i det andliga Stockholm. Och eftersom denna nya vistelseort är så lik den stad han eller hon lämnat, så tror många att de fortsätter sina gamla liv.

Så var det med Polhem. Han blev jordfäst i Maria kyrka på Söder. Swedenborg gick med i processionen — Polhem hade ju varit hans lärare och Polhems dotter Emerentia hade stått honom nära. När Swedenborg nu skrider fram på gången i kyrkan, märker han plötsligt att den avlidne själv går bredvid honom. Polhem frågar vad det är som pågår. Swedenborg upplyser honom — ''kära Polhem, det är er egen begravning ni här bevittnar''.

Och när Melankton dog återfann han sitt eget hus och sitt eget arbetsrum med hela inredningen intakt — varpå han slog sig ner och fortsatte att skriva som förr, ovetande om att han var död.

Det förekommer hos Swedenborg också ett annat fall — de döda tycks samlas i ett slags andevärldens rymliga farstu, han beskriver hur andarna trängs på huvudleden in i andens rike fram mot ett torg.

Men vare sig man återkommer till sin gamla miljö eller till denna mindre detaljerade mötesplats, så vidtar sorteringen av alla själar.

Dock, säger Swedenborg, ''Dominus non transferat hominem'', det är icke Herren som transfererar människan till himmel eller helvete, ''sed homo se ipsum'', det är människan som själv förflyttar sig åt det ena eller andra hållet. Hon går dit hennes kärlek drar henne. Den som älskar att leva otuktigt eller vill förtrycka andra och själv spela herre, dras oemotståndligt mot helvetet, för det är där dessa böjelser får fortsätta att vara respekterade. Ens omgivning delar nämligen ens böjelser.

Den som älskar att göra nytta kommer att oemotståndligt dras i riktningen mot himlen — ty himlen, säger Swedenborg, är ''theatrum usuum'', dvs skådeplatsen för alla ''nyttor''.

Varje människa på jorden är skapad för att komma till himlen. Men det måste ske på människans villkor. Hon lever här på jorden mitt emellan himmel och helvete och i detta tillstånd av jämvikt mellan gott och ont har hon en fri vilja. Hon avgör sin slutgiltiga destination genom de böjelser hon slutligen ger efter för. Horkarlen kommer till horkarlarnas helvete. Hantverkaren som har sin glädje i att tillverka rejäla saker åt sina medmänniskor kommer till hantverkarnas himmel.

Nu vet alla att det anses hedrande att få komma till himlen och skamligt att hamna i helvetet. Därför försöker en del andar att med ett visst våld tränga sig fram mot himmelriket — det är deras djävulska längtan efter stort anseende som driver dem. Men när de närmar sig änglavärlden, grips de av sådan vämjelse. De tål inte doften av himmelriket. De längtar efter stanken från urin och exkrementer och skyndar sig att vända om till de sina.

Människans egentliga liv, det vitala hos henne, ''vita

hominis'' — utgörs av hennes dominerande kärlek. Och sådan kärleken är, sådant är hennes liv. Och, fortsätter Swedenborg, ''post mortem non mutari potest. . . efter döden kan detta icke ändras''.

En hårt tuktad barockträdgård

Swedenborgs universella teologi är klart och distinkt upplinjerad som en barockträdgård. Allt indelat i åtskilda kvarter. Buxbomhäckarna likformigt klippta. Idegranarna tuktade. Det är en estetik som inte lämnar naturen något spelrum. Den misstror naturen. Rationell ordning genomsyrar varje sektor. Arkitekturen är en avslutad helhet. Allt har redan fått sina slutgiltiga konsekvenser. Den upplinjerade planen är förverkligad.

Så ter det sig också i det sammanhanget som en given sak att människans inneboende, dominerande böjelse eller kärlek *inte* kan ändras efter döden. Har denna kärlek blivit helt bejakad, bekräftad, gjord till ledstjärna här på jorden, då kommer den också att efter döden hålla människan fjättrad.

Och det är här någonstans som läsaren upptäcker att det universum som Swedenborg framställer fått sina gränser fastlagda av en uppfattningsförmåga som också den hade sina bestämda gränser. Swedenborg skriver med sådan auktoritet och sådan fasthet att man lätt får en känsla av att nu är det sista ordet sagt. Men Swedenborgs vision har sin begränsning. Också han leds av sin dominerande kärlek och den är inte någon fristående känsla utan känslan hos en människa i en bestämd tidsepok, med en bestämd social och intellektuell bakgrund. Vissa avsnitt formuleras t ex som genmälen till filosofiska och teologiska teser som hade aktualitet på 1700-talet. Det är med andra ord inte någon autentisk grundritning för universum det är fråga om — en sådan ligger utanför mänsklig förmåga att teckna.

Att tankarna när man läser Swedenborg går till en hårt tuktad barockträdgård, hänger samman med hans koncentration på principer. Här finns inga individuella fall. Allt flyttas upp till allmängiltiga kategorier. ''Clara verba'' blir till bländande hyperklarhet.

Typiskt är t ex att bland de närmare tvåtusen bibelreferenser som Swedenborg gör i sitt sista stora verk, så återfinner man ingen hänsyftning till liknelsen om den förlorade sonen eller till synderskan som tvättade Jesu fötter med sina tårar. ''Curvo dignoscere rectum'' — att genom att gå vilse från den rätta vägen upptäcka var den rätta vägen går, det är en tanke som han förbigår.

Den sinnliga människan, skriver han, har sitt mentala inre tillslutet. Han renodlar fallet. En sådan människa kan bara komma ut ur sitt djuriska tillstånd genom undervisning — ''fit homo per instructiones. . . blir till en människa genom undervisning'' — att det, som man säger, skulle kunna gå upp ett ljus för henne kommer inte i fråga, för det skulle göra själva denna kategori av människor mer diffus.

Tag som exempel rövaren på korset. Det är två rövare korsfästa på ömse sidor om Jesus. Den ene hånfull, arrogant. Den andre ångerköpt. Den sistnämnde säger att det som sker kamraten och honom själv är rätt och riktigt — denne Jesus däremot, han har icke felat. Och han ber Jesus lägga ett gott ord för sig på andra sidan. Varpå Jesus säger: ''Sannerligen säger jag dig, idag skall du vara med mig i paradiset.''

Men den dominerande kärleken hos denne rövare, denna sinnliga människa, har stått till att slå ihjäl människor och ta deras egendom. Så någon timme innan han lämnar det jordiska går det upp ett ljus för honom. Han ångrar sig. Och ånger utplånar synder. Rövaren räddas alltså. Det sker i sista stund. Det är på håret.

om — en sådan ligger utanför mänsklig förmåga att teckna.

Att tankarna när man läser Swedenborg går till en hårt tuktad barockträdgård, hänger samman med hans koncentration på principer. Här finns inga individuella fall. Allt flyttas upp till allmängiltiga kategorier. ''Clara verba'' blir till bländande hyperklarhet.

Typiskt är t ex att bland de närmare tvåtusen bibelreferenser som Swedenborg gör i sitt sista stora verk, så återfinner man ingen hänsyftning till liknelsen om den förlorade sonen eller till synderskan som tvättade Jesu fötter med sina tårar. ''Curvo dignoscere rectum'' — att genom att gå vilse från den rätta vägen upptäcka var den rätta vägen går, det är en tanke som han förbigår.

Den sinnliga människan, skriver han, har sitt mentala inre tillslutet. Han renodlar fallet. En sådan människa kan bara komma ut ur sitt djuriska tillstånd genom undervisning — ''fit homo per instructiones. . . blir till en människa genom undervisning'' — att det, som man säger, skulle kunna gå upp ett ljus för henne kommer inte i fråga, för det skulle göra själva denna kategori av människor mer diffus.

Tag som exempel rövaren på korset. Det är två rövare korsfästa på ömse sidor om Jesus. Den ene hånfull, arrogant. Den andre ångerköpt. Den sistnämnde säger att det som sker kamraten och honom själv är rätt och riktigt — denne Jesus däremot, han har icke felat. Och han ber Jesus lägga ett gott ord för sig på andra sidan. Varpå Jesus säger: ''Sannerligen säger jag dig, idag skall du vara med mig i paradiset.''

Men den dominerande kärleken hos denne rövare, denna sinnliga människa, har stått till att slå ihjäl människor och ta deras egendom. Så någon timme innan han lämnar det jordiska går det upp ett ljus för honom. Han ångrar sig. Och ånger utplånar synder. Rövaren räddas alltså. Det sker i sista stund. Det är på håret.

Swedenborg berör överhuvudtaget inte det här avsnittet hos Lukas. Han talar om vikten av att man ''examinerar sig''. Att en sådan examination, framtvingad av omständigheternas tryck och då en människa ligger — eller hänger — på sitt yttersta kan rädda en själ, och det efter ett långt liv i mord och plundring, det är anmärkningsvärt. Rövaren hade genom sina gärningar ''transfererat'' sig i riktning mot missdådarnas helvete. Men lyckas — jag höll på att säga omedvetet — transferera sig till paradiset.

Swedenborg betonar vikten av ''bona opera'', goda gärningar. Vad hade då rövaren gjort för god gärning? — Han hade tillrättavisat sin kamrat när denne hånade Jesus.

I sista ögonblicket tar han ställning. Allt är ställt på sin spets. Men vad är det som kommer till tals hos rövaren? Inte är det någon doktrin, ingen tidigare erhållen instruktion — han hade säkert blivit upplyst om att han var en plåga för sina medmänniskor, men han hade inte tagit upplysningen ad notam. Nej, det är en känsla för fair play som plötsligt vaknar till liv inom honom — han som själv mestadels spelat andra enbart fula spratt — och han ger uttryck för denna känsla utan att ha en aning om följderna. Icke ett ögonblick har han inbillat sig att hans tillrättavisning av kamraten skulle föra honom till paradiset i sällskap med Jesus.

Det bibeltexten skildrar är ett händelseförlopp som har det mänskliga livets oförutsebara och tumultuösa rörlighet. Det Swedenborg skildrar är detta liv i ett tuktat, kategoriserat schema. Hans syfte är att klarlägga principerna, han vill visa oss varför vi är här på jorden, och göra det på ett fattbart sätt. Därför tvingas han förenkla. Ett bestämt tillfälle förvandlas till varaktighet och klassificeras. En viss livssituation flyttas upp på ett abstrakt plan och blir typfall — och typfallets symboliska innebörd prioriteras framför det individuella.

Förförelse finns och mänsklig svaghet. Man kan vilja det rätta och ändå göra orätt — ett dilemma som Paulus behandlar i Romarbrevet. För Swedenborg existerar inte dilemmat — det är under alla omständigheter viljan som avgjort att man gör orätt. Ingen kan nämligen handla emot sin vilja. Viljan är ju den dominerande böjelsen eller kärleken. Man trodde sig kanske vara bättre än vad man var, och så sade man sig: jag vill inte men ändå gör jag det. Köttet är svagt. Men, säger Swedenborg, köttet visade sig vara så starkt att det tog loven av anden.

Den sinnliga, naturliga människan har sitt inre tillslutet, säger Swedenborg. Hon åtrår endast kroppsliga njutningar, lyx, bekvämlighet.

Så är det t ex med de prostituerade som dyker upp i minnesanteckningarna, hjärtlösa varelser som berövas alla individuella drag och strängt taget förvandlas till personifierade begrepp. Den allegoriska betydelsen av prostituerad är stor falskhet. Man byter partner i ett spel som härmar kärleksakten, men det är en falsk kärlek som kommer till uttryck.

Om man nu för ett ögonblick jämför med de prostituerade som Jesus möter, blir skillnaden iögonenfallande. Inför Jesus framstår dessa kvinnor som människor och inte som personifierade begrepp. Han respekterar dem. Han moraliserar inte. Och det är uppenbart att dessa, för att nu använda Swedenborgs vokabulär, ''sinnliga, naturliga'' varelser, inte alls har sitt inre tillstängt för inflytelser från himlen. Det är ju en prostituerad som med sina tårar tvättar Jesu fötter och med sitt hår torkar dem, allt som uttryck för en osjälvisk kärlek som i ett nu befriar henne från all syndabörda. Den goda gärningen är begränsad till en gest, en ceremoni, ändå har den effekt.

I Johannesevangeliet finns skildringen av samaritanskan som haft fem äkta män i följd och nu lever ihop med en sjätte man utan att vara gift. Det är en sinnlig natur. Och det är hon som går in i staden som Jesu budbärare. Hon är sanningsvittnet. Det har gått upp ett ljus för henne.

Under vilka förutsättningar har det skett? Att hon varit uppriktig inför sig själv?

En persisk shaikh, som Omar Khaiyam talar om, vänder sig till en prostituerad och frågar provocerande hur länge hon tänker fortsätta med sin verksamhet. Och hon svarar: jag är sådan jag är. . . men du, är du verkligen den du ger dig ut för att vara?

Det är en episod man kan komma att tänka på, när Jesus i Matteusevangeliet — kapitel 22 — tillrättavisar översteprästerna med orden att hororna kommer att ha företräde till himmelriket framför dem.

Vildmarken — helvete eller paradis

Den misstro mot naturen som präglar Swedenborgs visioner blir särskilt påtaglig när man jämför hans paradisskildring med skildringen av helvetet.

Paradiset har palats och anlagda trädgårdar. En borgerlig stadsmiljö hör också till — balett, opera, konserter, teaterföreställningar avlöser varandra. I fruktträden kuttrar duvor. Dammarna i parken har besök av svanar. De vida fälten omkring den himmelska metropolen är uppodlade och där mognar säden. Husdjur betar i hagarna. Allt syftar till nytta och skönhet och skönheten får sin speciella accent av allt guld och silver och av alla ädelstenar som pryder miljön.

Helvetet däremot tecknas konsekvent som en ödemark. Där finns vidsträckta moras, mörka skogar, folktomma fält. Träffar man undantagsvis på någon människoboning så är det fråga om ''casae'' eller ''domunculi'', dvs kojor.

I helvetet växer ogräs, tistlar, giftiga örter. Här bor fladdermöss, ugglor, vargar, ormar, grodor osv.

Kort sagt — civilisationen står himmelriket närmare än vildmarken. Swedenborg kände väl till bådadera. När han som ung forskare bodde på Starbo — en mil norr om Smedjebacken — hade han tillfälle att se blockrik skogsterräng. Och när han i mars 1738 med diligens reste från Grenoble över till Turin passerade han genom ett alplandskap. Där såg han sin modell till helvetet.

Swedenborgs syn på vildmarken påminner om Linnés. I sin dagbok för den 2 juni 1732 antecknar Linné sina intryck av den lappländska vildmarken längs Juktån, tre mil öster om Storuman. Våren hade kommit. Hjortronblommen hade slagit ut. Myriader av mygg surrar kring den tjugofemårige upptäcktsresanden. Snöripor skrattar ut honom. Han finner fjällviol och kvanne. Han har passerat gamla tallskogar fulla med vindfällen, ljunghedar där fjällbjörken snärjer fötterna, och kommit ut på myrar som delvis stod under vatten. Hård blåst och ett slagregn som tär på snön i nordsluttningarna. Kängorna fulla med kallt vatten. Han har mött den norrländska våren som faktiskt ter sig mer löftesrik än andra regioners vårar eftersom snösmältningen kvarlämnar en så gul och grå och fattig terräng att varje litet grönt strå blir ett underverk.

Men för Linné är detta landskap — helvetet.

Han säger det rent ut. "Stygium penetravi. . . jag penetrerade infernot." Ingen präst i världen kan beskriva ett sådant helvete, säger han. Något hemskare finns inte. Och den intelligenta samekvinna han träffar på ute på myren vid Juktån och som diplomatiskt vet att med skickligt lagda ord få den unge svensken att vända om och ge sig tillbaka dit varifrån han kom, hon förefaller Linné vara en "furia" just från helvetet. Hennes bröst är som gjorda av grodskinn, "långa slankande bruna pattar. . ."

Linnés och Swedenborgs sätt att betrakta ödemarken

stämmer väl överens. Båda dessa prästsöner hade växt upp i en skyddad miljö, Swedenborg i Uppsala — barndomshemmet låg vid torget där gamla rådhuset ligger — Linné på prästgården i Stenbrohult med stengärdesgårdar och fruktträd. Bägge slog in på den lärda banan och antog den då för tiden bland de högre stånden rådande smaken. Det är peruker och spatserkäppar med guldknoppar, det är det fransyska modet, man dyrkar det smånätta och utstofferade, artefakten har företräde framför det vildvuxna. Civilisationen närmar sig paradiset. Orörd vildmark, det är helvetet. Linné måste ha lett igenkännande när han hos sin kollega i Vetenskapsakademien kunde läsa ''quid infernum nisi paludes. . . vad är helvetet om inte sanka myrmarker. . .''

Det har nu gått mer än tvåhundra år sedan den fransyska, civilisationsdyrkande smaken var på modet. Sedan kom Rousseau. Sedan kom den franska revolutionen. Sedan kom Emerson och Thoreau och Nietzsche och Mark Twain och Stevenson och alla sade en och samma sak — låt oss återvända till naturen.

Motsättningen fanns där hela tiden. Å ena sidan raffinemang, avancerad teknik, kulturimperialism och kolonialism. Å andra sidan en radikal revolt mot allt detta med krav på återgång till vad man kallade ''mänskliga'' villkor där namn som Tolstoj och Gandhi stod för utopin och dadaisterna och Joyce stod för den subversiva attacken på ''civilisationen''.

Och nu, vid 300-årsminnet av Swedenborgs födelse, bevittnar vi följderna av övertron på civilisationsprocessens välsignelser i form av förgiftning av mark, luft och vatten. Civilisation i denna teknologiska betydelse har kommit att bli detsamma som civilisationsförgiftning.

Man kan inte beskylla Swedenborg för att bära något ansvar för hur det har blivit. Men man vågar säga att de sympatier han visade ett tekniskt högutvecklat samhälle hängde samman med en otillräcklig analys av ekologiska sammanhang. Dessa kristallartade himmelska palats som han beskriver — hur är där avloppssystemet ordnat? För i himlen lever man som på jorden, säger han, man äter och dricker och följaktligen måste man också på något sätt göra sig av med det inmundigade. Eller alla dessa sångfåglar som sjunger i parken — varifrån får de sin föda? I en värld där mygg och flugor och maskar är obefintliga. Sådana insekter är nämligen förvisade till helvetet tillsammans med grodor, ormar och fladdermöss.

På fjällsluttningen där jag gick igår var varenda björk angripen av små lövmaskar. Samtidigt vimlade trädkronorna av bergfinkar som festade om på de små maskarna. Himmelska väsen kan tydligen glädja sig åt helvetets inbyggare.

Vad som tilltalar ens genius

En säregen uppfattning hos Swedenborg är att krokodiler, giftormar, paddor, grodor, tigrar, leoparder liksom alla ogräs som t ex nässlor, tistlar och kvickrot *inte* har skapats av Gud utan av ondskans makter, ''a Deo non creantur'', skriver han.

Det gör mig särskilt ont om grodan som jag tycker är ett älskligt djur och som allegoriskt representerar någon som älskar att sjunga men inte har någon röst. I den persiska poesin förekommer grodan som sinnebild för den hängivne eremiten som inte kan låta bli att om och om igen dyka ner i meditationens vattendamm. Vad beträffar tistlarna har jag svårt att tro att kronärtskockor enbart skulle vara åtkomliga i helvetet, detsamma gäller nässlor.

Här är någonting som inte stämmer.

Swedenborg tycks själv vara medveten om det. För i ett

avsnitt som behandlar apostlarna och skillnaderna mellan deras brev så som de finns i Nya testamentet, så skriver han att dessa skillnader beror på att var och en skriver ''secundum suam intelligentiam. . . allt efter sin intelligens''. Var och en har sin mentala status — ''statum mentis'' — vilket ger upphov till ''oändliga variationer'' i framställningen, inte bara stilistiskt. Man väljer, säger Swedenborg, ''det som tilltalar och passar ens genius. . . quod suo genio favet et adaequatur'' och sedan framlägger man det alltefter förmåga, egentligen allt efter ens ''gåvor''.

Det är med andra ord Swedenborgs personliga preferenser vi står inför. Och denne ordningsälskande, pedantiskt lagda, älskvärda person valde vad beträffar himlar och helveten ut det som passade hans läggning och sedan renodlade han det i ''clara verba''. Och det som hos honom var en dominerande kärlek, undslapp inte ett inflytande från epokens dominerande smak och tänkesätt. Hans paradis blev ett på rationalitet byggt ''västerländskt'' paradis av en typ som utifrån våra sentida erfarenheter ter sig mindre åtråvärt än det föreföll Swedenborg.

Vi skulle vilja ställa hela denna världsbild på huvudet vad beträffar dess allegoriska framtoning — inte vad gäller tendensen i själva idéinnehållet.

Här är ett stenigt moras, helt ofruktbart. Det ligger på fjällsluttningen strax nedanför ett väldigt snöfält som ännu i augusti månad ligger kvar. Men mitt i smältvattnet, i det svarta gruset, blommar en isranunkel. Vad skall isranunkeln representera? Att det gått upp ett ljus för rövarna? Att det går upp ett ljus för det blanka, svarta, fuktdrypande, iskalla gruset?

Eller myren med sin tunga doft av vitmossa och ävja — vad betyder där den vita ängsullen som vinden drar i? Vad betyder tranan som trumpetande lyfter från kanten av kärret? Är detta verkligen ett helvete? Går allt inte att tyda på ett intimt mänskligt sätt — och i en mer hoppfull riktning än stadslandskapet i betong och glas?

Det finns, säger Swedenborg, särskilda vishetsskolor, "ludi sapientiae" i himlen — men här på jorden framstår ju den orörda vildmarken utan medlare och magister som en gigantisk vishetsskola. Så har filosofer och diktare sett naturen — för att inte tala om eremiter och persiska shaikher, inte sökte de sig till ödemarken för att ta ut helvetet i förskott och pina sig i härdande syfte, de gick dit för att läsa innantill i den stora bilderboken.

Sista rocken saknar fickor

Det går inte att göra Swedenborg till rationalist i någon ytlig mening. Kärleken går alltid före tanken. Intelligensen är en "hjärtats intelligens".

Instruktion och doktrin ger beskydd. Ger anden tak över huvudet. Det är visserligen en föreställning som hos många minskar dragningskraften i Swedenborgs vision — det är en brist på utsatthet — men när man säger att den som faller för frestelsen visat sig vara en idiot, så handlar det samtidigt om samvete. Samvetet tycks vara en del av förnuftet. Man faller — man är en känslomässig idiot som inte med tillräckligt stark kärlek förmådde hålla fast vid budorden som ju ytterst står för den gudomliga världsordningen.

Människan har en fri vilja — men är hon bara rätt upplyst så kan hon motstå frestelsen — hon kan besvärja den med ett innerligt förnuft som är i harmoni med doktrinen.

I bakgrunden finns hela tiden behovet av doktrin — att anta eller förkasta.

Men räcker det? Väger den ändå inte lätt jämfört med vad man själv kommit på, hur tunt och ynkligt det än kan verka? "Också på min panna lyste en tidig morgon solen med triumferande strålglans."

Vilken betydelse får den utifrån kommande doktrinen när det oundvikliga slutet närmar sig? Vad gör man av den? Hur använder man den? Den sista rocken saknar ju fickor.

En grundval för all filosofi kunde vara valet av ett tänkesätt som man mår väl av och som gör en livsduglig. Mot den bakgrunden kunde man uppfatta Swedenborgs universalteologi som ett slags egid, bakom vilken han tar skydd mot förtvivlan och desperation.

Swedenborg framställs av sina samtida som som så respektabel att man lätt förbiser vittnesbörd som går i annan riktning. Hans gode vän kamreraren i lånebanken, Carl Robsahm, berättar t ex att Swedenborg emellanåt var djupt olycklig. Han hade hört honom gråta ''bittert och högljutt. . . ropande, O Gud hjälp mig. . . överge mig inte. . .''

Och pastorn vid svenska kyrkan i London, Arvid Ferelius, som inte så ofta träffade Swedenborg, hade tydligen lagt märke till någonting anmärkningsvärt: ''Det var en egendomlighet hos honom att han aldrig tvättade ansikte och händer och aldrig rengjorde kläderna, han sade att inget damm och ingen smuts fäste sig vid honom. . .''

Det tillstånd som Ferelius nämner har knappast varit någonting normalt, för i så fall skulle också andra som känt Swedenborg ha berättat samma sak. Däremot kan det röra sig om tillfälliga perioder av vad folk kallar ''förfall''.

I det här sammanhanget är uppgiften om att riksrådet von Höpken vid besök hos Swedenborg sammanträffat med en luffare som var närvarande, och av värden uppmanats att skåla med denne när de druckit tillsammans.

Swedenborgs universella teologi är framställd med sådan detaljrikedom, med sådan yttersta konsekvens i sin ordning och logik att man under läsningen inte undgår att gradvis bli alltmer övertygad om att detta verk är verket av en skyddssökande. Han slapp undan sina plågoandar, upptagen som han var av den stora dikten. Han var en sinnlig natur — ''i min ungdom hade jag maitresser'', säger han — och denna sinnlighet hade, så upplevde han det, ''torterat'' honom. Men när han gav upp alla egna strävanden och hängav sig åt teologin, då var han lycklig och fri som ett barn. Och den lyckokänslan genomsyrar hans verk. Där finns en intellektuell glädje som tar udden av all jagiskhet och som ger upphov till den rena ton, av falsk ödmjukhet eller falsk pretension helt obesmittad, som ljuder genom universalteologin. Har den likhet med musik så är det Bach han står nära, det är fugans princip som gäller.

Ett väl rengjort huvud

Det finns avsnitt hos Swedenborg som förtar intrycket av doktrinärt monopol. Han talar t ex om en i jämförelse med teologer högst enfaldig människa som inte ägnat doktrinerna någon uppmärksamhet alls, men som kommer till himlen och där mirabile dictu strax blir räknad till de allra visaste i samfundet. Det var, heter det, en ''spiritus simplex'', vars enda religiösa uppfattning var att gudomen kom till uttryck hos Jesus.

Swedenborg talar ibland om en ''huvudrengöring'', ens tankevärld rensas från allt skräp som där annars blåser omkring. Den merit den nyssnämnde ''enfaldige anden'' kunde uppvisa var ett väl rengjort huvud. — Jag vet ingenting, men det där som Jesus sade det tycker jag om att höra.

Det påminner något om Ciceros uttryck ''quaestio mihi factus sum. . . jag är gjord till ett frågetecken inför mig själv'' — en belägenhet som till trots av vad Swedenborg i andra sammanhang deklarerar, faktiskt framstår som ganska lovande.

Cicero tillhör de hedningar som Swedenborg umgås med. Och man möter åtskilliga ekon från Cicero i Swedenborgs texter. Så till exempel skriver Cicero om det hinder för själens lycka som kroppen reser med sina begär. Han talar om människans uppgift här på jorden — nämligen att ''kontemplera himlen''. I de tusculanska samtalen finns ett parti som indirekt beskriver det tillstånd som Swedenborg själv nämner, då han är ''i anden''. Öron och ögon, säger Cicero, är själens fönster mot yttervärlden — ''fenestrae animi'' — men, fortsätter han, ''ofta när vi är upptagna av våra tankar så varken ser eller hör vi, trots att både ögon och öron är öppna och funktionsdugliga, alltså förstår man utan vidare att det nu är själen som ser och hör. . .''

Men trots denna och andra överensstämmelser mellan de två, är det anmärkningsvärt hur Swedenborg reserverar sig mot Cicero. Gäller det Augustinus eller Paulus, då heter det tveklöst att det är just dem han träffar. När det gäller Cicero heter det — ''den tanken ingavs mig att detta var Cicero'', en vändning som onekligen antyder att det gott kunde vara någon annan.

Varför denna tvekan?

Därför att Cicero inte på samma sätt som Swedenborg åtskiljer anden från naturen. När Cicero talar om naturen menar han människans förutsättningar både fysiskt och andligt. ''Allt vad naturen avvisar är ont, allt vad naturen eftersträvar är gott'', skriver han. Vidare — ''vi håller för sant att ingenting av det naturen givit åt var och en av oss kan vara ont. . .''

Hur annorlunda hos Swedenborg — den naturliga människan vill endast tillfredsställa kroppens begär.

Jämför med Cicero — ''vår natur har ett omättligt begär efter att skåda sanningen''.

Här sker uppenbarligen en sammanblandning av två hos Swedenborg oförenliga kategorier. Dualismen upphör. Enheten återställd. Naturen, heter det hos Cicero, ''har givit oss små gnistor som vi snabbt släcker med dåliga vanor och förvända åsikter, så att naturens ljus inte visar sig någonstans. . .''

Men finns det ett ''naturens ljus'', ett naturligt samvete, då vidgas också människans möjligheter. Hon är försedd, skriver han, med ''sagaci et bona mente. . . en frisk tankeförmåga utrustad med väderkorn. . .''. Vad kan då vara mer passande för en människa än att hon återför allt till detta väderkorn, ''sitt eget oinskränkta omdöme''. Och naturligtvis kommer därmed också osäkerheten att vara ett viktigt moment i sammanhanget. ''Jag är ett enda stort frågetecken inför mig själv. . .''

Som filosofi betraktad har den här osäkerheten en dragningskraft av mer hemlighetsfullt slag än Swedenborgs universella teologi — den senare framstår vid en jämförelse i första hand som en stor dikt. Övertydligheten bedövar läsaren och läsaren värjer sig genom att skjuta texten över på ett estetiskt plan. Inte så att Swedenborg skulle ställa sådana anspråk, tvärtom, undermeningen i det han skriver är hela tiden: jag rår inte för att det blir så här. . . jag skriver efter diktamen. . . Det är soedattet. Det är nära nog schamanistiskt fast utan spår av frambesvuren extas. (Vintertid kunde man faktiskt se honom på Kornhamnstorg i Stockholm, inhandlande rullar av näver till att göra upp eld med i kakelugnen — iförd just renskinnspäls.)

Cicero däremot — som utan tvivel betytt mycket för Swedenborg — befinner sig på vår sida, som en jämbördig. Han är icke hinsides. Han ter sig fullt modern.

Skriver Swedenborg att han är i himlen, då skall det fattas bokstavligt, han är i himlen bland änglarna.

Skriver Cicero att han är i himlen — ''in caelo sum'', t ex

den 17 april 59 f Kr, till vännen Atticus — då betyder det bara att han känner sig glad och fri.

Redogör Swedenborg för vårt liv efter döden, då framstår det som en rekapitulation av jordelivet fast upphöjt i en annan ickemateriell dignitet.

Talar Cicero om tillståndet efter döden då sker det med en annan inriktning. Så t ex när Metellus hade dött och kremerats:

Metellus är inte längre någon människa,
han är havsstrand och luft. . . Metellus
non homo sed litus atque aër. . .

Vad Cicero säger är att människan är en del av materien och att hon efter döden förblir materia.

Ungefär på samma sätt som Schelling beskriver saken i sin ungdomsdikt ''Heinz Widerporsts trosbekännelse'', rader som både Hegel och Marx fäste sig vid:

Vid denna insikt vill jag stanna
att materien är det enda sanna. . .

Att materien är alltings upphov. Att materien är tankarnas element. Att materien är människans beskydd och rådgivare. ''Jag frågar inte ett dugg efter det osynliga — det uppenbarade håller jag mig till. . . die Materie sei das einzig Wahre. . .''

Hölderlin är inne på samma tanke när han pekade på ett berg och sade — det där berget var jag i en tidigare tillvaro.

Swedenborg hade en period då han också var ''materialist''. Det andliga bestod av materia. Med ett starkt mikroskop skulle man rent av kunna studera själen. Längre fram kom han att skilja på det materiella och det substansiella, varvid anden, själen, tillhör det senare elementet vilket är oändligt mycket mer subtilt i sin struktur än materien.

Hos Cicero — inga sådana distinktioner. Människan och naturen utgör en enhet. Samvetet är naturens egen ordning. Att förbryta sig mot denna ordning ger upphov till ett lidande — dvs skuldkänslor.

Det är en enkel form av vardagspsykologi, fjärran från teologisk spekulation, som man möter hos Cicero. Den har precis som hos Swedenborg sin utgångspunkt i uppfattningen att människans vilja är fri, men den avviker från Swedenborg i det att den är mer pragmatisk, mer jordnära.

Skuldkänslan blir till ett instrument, en säker instinkt, i sökandet efter ''himlen'' vilket hos Cicero, precis som i Nya testamentet, befinner sig inne i människan, i ett alldeles speciellt sinnestillstånd. Skuldkänslans plåga är den indirekta uppmaningen till vederbörande att i fortsättningen undvika anledning till skuldkänsla. ''Jag vet'', skriver Cicero i februari 49 f Kr, ''vem jag har att undfly men icke vem att följa. . . ego vero quem fugiam habeo, quem sequar non habeo.'' Det gäller politiken. Det gäller moralen. På Swedenborgs språk skulle det heta — jag vet att undfly helvetet. . .

Den här jämförelsen mellan Swedenborg och Cicero tydliggör vars och ens egenart. Det är som om Cicero ville säga — inbilla dig inte att du förmår sitta inne med hela sanningen, du skulle heller inte ha någonting att vinna på det. Men har du den naturliga känslan för vad som är rätt och riktigt. . . några ''gnistor'' räcker.

Man befinner sig här inte längre i det sublima utan i en region där även det banala får sitt utrymme. Det är den värld som omger en ''spiritus simplex''.

Baron Erik Hermelin — han som översatte Böhme och Swedenborg och Attar, Rumi, Sadi och Omar Khaiyam — besökte i september 1927 sin förmyndare, advokaten Göran Kalling. Därvid råkade han av misstag ta en blyertspenna och ett radergummi som låg framme — Hermelin trodde nämligen att de tillhörde honom själv. Först vid återkomsten till Lunds hospital där han satt internerad, upptäckte han misstaget och returnerade sakerna. I följebrevet skriver han:

> Jag skyndar mig att återsända din blyertzpenna och ditt radergummi — ursäkta min bålda säkerhet.

Kalla det strunt — men den som i snart tjugo års tid hållits inspärrad på en anstalt som galen, har inte råd att till allt annat också bli beskylld för att vara kleptoman. I en extrem situation får ''gnistorna'' en alldeles egen lyskraft.

Men man behöver inte se saken på det sättet. Det finns en samvetsömhet som lägger vikt också vid strunt alldeles oberoende av det mer eller mindre tvivelaktiga ljus som ''tjuven'' kan komma i. Man kan visserligen hävda att baronen överskrider det förhållningssätt som hans förebilder, de persiska shaikherna, hyllade, nämligen att ständigt visa den fula sidan av det egna jaget utåt, i det här fallet denna ''bålda säkerhet''. Det ligger någonting en smula anspråksfullt i denna minutiösa noggrannhet. Å andra sidan — beröm en person för att han återsänder ett radergummi och en ''blyertzpenna'' som han i tron att de var hans egna lagt beslag på, anför det som bevis på vederbörandes ärlighet och observera effekten: ökad misstro. Den som är så uppmärksam i det lilla, vilket syfte är han ute för att uppnå om inte att reparera ett mycket skamfilat anseende.

Här rör det sig inte om doktriner utan om en form av demoni som hör vardagslivet till. Doktriner ter sig ovidkommande i sammanhanget. Budordet ''du skall icke stjäla'' är alltför sublimt för att passa in. Andra krafter är i rörelse.

Praktiken

TROTS ALLA olikheter så finns hos Swedenborg liksom hos Cicero en inriktning på det praktiska.

Tag som exempel Swedenborgs råd till den som plågas av otillfredsställda begär — håll andan. Och i samma stund som kroppen känner sig hotas av syrebrist så kommer den strax att dämpa sin iver. Den får annat att tänka på.

Eller hans uppfattning om vardagens enskilda ögonblick som för oss andra ibland rent av kan tyckas sakna berättigande — ''det ögonblick som just nu passerar är lika lyckligt som det lyckligaste du någonsin kommer att uppleva''. Som om livet oavbrutet ägde en saliggörande smak — bara man kände efter.

Eller fortsättningstanken så som Swedenborg framställer den i dess evighetsperspektiv — skulle den inte ha en tillnyktrande effekt: såå? detta är alltså din dominerande kärlek, dessa slemhinnor, dessa maktbefogenheter, dessa fyllda bankfack . . . all right, du får som du vill och detta oföränderligt i all evighet, för det du på allvar bekräftat på den här sidan döden, det kan inte ändras, det ligger fast, det får du fortsätta att vara bunden av . . . du skall inte tro att det här är någon parentes . . .

Nog sätter det tankarna i rörelse på en — också i det fall att perspektivet begränsas till en livstid och gränsen dras vid fyrtio eller femtio.

Det paradoxala är att denna swedenborgska frihet som är inbyggd i hans teologi, med mild hand justerar människans böjelser mer effektivt än varje form av tvång eller hot om straff.

Finns det ett straff, så består det ju i det här fallet just i detta att man får det ''precis som man vill ha det . . . ''

Carl-Göran Ekerwald har bland annat utgivit

Citronpressen noveller 1976
Flugfångaren roman 1978
Porslinskoppen roman 1980
Diogenes lykta essäer 1983
Sommarhus i Arktis 1986